DEUX FRÈRES

DEUX FRÈRES

DEUX FRÈRES

Adeodat DUFOURNEL

CAPITAINE ADJUDANT-MAJOR AUX ZOUAVES PONTIFICAUX

BLESSÉ A L'ATTAQUE DE LA VILLA CECCHINA A ROME

LE 30 OCTOBRE

MORT LE 5 NOVEMBRE 1867

Emmanuel DUFOURNEL

SOUS-LIEUTENANT AUX ZOUAVES PONTIFICAUX

BLESSÉ AU COMBAT DE FARNÈSE

LE 19 OCTOBRE

MORT LE 26 OCTOBRE 1867

ADÉODAT et EMMANUEL

DUFOURNEL

OFFICIERS

AUX ZOUAVES PONTIFICAUX

« Ils n'ont pas été séparés dans la mort même. »
(II Reg., 1, 25.)

« Ils ont paru mourir aux yeux des insensés ; leur sortie de ce monde a passé pour le comble de l'affliction ; leur séparation d'avec nous pour une entière ruine, mais cependant ils sont en paix. »
(Sagesse.)

LILLE-PARIS

DESCLÉE, DE BROUWER ET Cie

1898

ADÉODAT et EMMANUEL
DUFOURNEL

Trente années déjà se sont écoulées depuis que ces deux frères ont terminé leur trop courte vie. Ceux qui les ont connus et aimés gardaient assez fidèlement leur souvenir pour qu'il semblât inutile de le leur rappeler. Mais ceux qui sont venus plus tard pourront trouver dans ces pages un encouragement et un exemple. Ils comprendront sans doute qu'il y a des défaites meilleures que les victoires. Peut-être verront-ils triompher la cause pour laquelle les zouaves sont morts avec enthousiasme et qui avait pu paraître irrévocablement perdue. Ne serait-ce pas l'aurore de ce jour que nous entrevoyons dans la lumière du règne de Léon XIII, dans le rayonnement toujours croissant de cette puissance pontificale, humainement détruite, et dont le monde ne peut se passer ?

Adéodat Dufournel avait neuf ans, son frère Emmanuel en avait sept quand ils perdirent leur mère. La mort de cette mère, parfaite et charmante, laissa dans toute leur vie un vide que rien ne put combler, mais leur âme garda pour toujours l'empreinte de la foi profonde dont cette sainte était animée. Elle les avait pénétrés du respect de la loi de DIEU. Des traits de caractère, naturels chez des enfants de familles chrétiennes, prennent une signification plus frappante quand on a vu s'accomplir ce qu'ils semblaient promettre. Emmanuel s'était un jour servi d'une de ces expressions violentes qui arrivent trop souvent aux oreilles des enfants ; sa mère le lui reprochant, il en témoigna un ardent repentir : « J'ai blasphémé mais, quand je serai grand, j'irai convertir les infidèles et je rachèterai tous mes péchés. » « Un autre jour *(Lettre de Mᵐᵉ Dufournel à son mari)* il racontait avec beaucoup de feu l'histoire d'un fils qui, par son courage, avait sauvé la vie à son père. Je lui dis : Tâche d'acquérir aussi de la force sur toi, tâche de devenir courageux, afin de pouvoir imiter cet enfant si tu en trouvais l'occasion. — Ah ! maman ! répondit-il la rougeur au visage, si on attaquait mon père, je me jetterais dans ses bras, je lui ferais avec mon corps un bouclier. » Ce ne fut pas son père, mais le Père commun qu'il fut appelé à défendre et à qui il fit, autant qu'il était en lui, un bouclier de tout son corps. Un sentiment de zèle enfantin animait aussi Adéodat et armait son bras contre une grande Cérès qu'il prenait pour une idole de son grand-père. Le cou de cette statue porte encore les traces de la décollation et rappelait ce souvenir quand il avait pris d'autres armes.

Un peu plus âgé que son frère, Adéodat surtout

conservait au fond de l'âme l'image chérie de sa mère comme celle d'une sainte qui, du Ciel, veillait sur ceux qu'elle avait aimés. Il savait qu'elle avait poussé jusqu'à l'héroïsme le désir du salut de ses enfants, en offrant sa vie à DIEU pour leur obtenir la grâce d'une foi inébranlable et de la persévérance dans la pratique de la religion, trop rares malheureusement dans le milieu où ils devaient grandir. Son vœu fut exaucé.

Partagé entre Paris, où le retenaient ses devoirs de député, et la Haute-Saône, où l'appelaient ses intérêts de famille, M. Dufournel, malgré la bonté et la délicatesse exceptionnelles de son cœur, ne pouvait s'occuper de ses enfants d'une manière suivie. Plein d'un tendre respect pour la mémoire de celle qu'il avait perdue, il chercha à se conformer à son désir le plus ardent en assurant à ses enfants une éducation avant tout chrétienne. Il en confia la direction à une sœur de leur mère, Mme Gréa, catholique résolue, femme d'un vrai mérite qui, elle aussi, avait deux fils et les élevait avec une haute intelligence. D'après ses conseils, Adéodat et Emmanuel firent successivement leurs études dans des maisons religieuses, à Boulogne-sur-Mer, à Besançon, à Vaugirard et aux Carmes.

En 1859, ils étaient rentrés chez leur père qui, après le coup d'État, s'était absolument retiré dans la vie privée. Il aurait voulu les retenir et les occuper auprès de lui, mais ils n'avaient aucun goût pour l'industrie, même pour celle de leurs hauts-fourneaux de Franche-Comté, véritables héritages de famille, où se conservaient les habitudes patriarcales entre les propriétaires et un petit nombre d'ouvriers, empruntés à la terre et qui lui restaient fidèles.

L'agriculture aurait tenté davantage Adéodat. Un séjour qu'il avait fait en Algérie, l'intérêt qu'offrait ce beau pays encore neuf, avaient fortifié ce goût, mais son véritable attrait le portait vers l'armée. A Boulogne, très jeune encore, il avait passionnément désiré de se faire marin. Son père, qui ne pouvait supporter l'idée d'un pareil éloignement, s'était formellement opposé à ce désir. Plus tard il avait rencontré la même opposition quand, aux Carmes, il avait voulu se préparer à Saint-Cyr, et plus tard encore s'engager au début de la guerre d'Italie dont, à ce moment, les esprits éclairés prévoyaient seuls les fatales conséquences.

Aussi, lorsqu'en 1860 le Saint-Père fit appel à la jeunesse catholique, Adéodat n'hésita pas un instant, heureux de trouver l'occasion, qu'il cherchait depuis longtemps, de donner un but à sa vie et de contenter une vocation jusque-là combattue ; heureux surtout de se dévouer à la cause de l'Église et de mettre son bras au service d'un pouvoir légitime aux prises avec la Révolution.

Il partit, sous prétexte d'un simple voyage, et, de Marseille seulement, annonça à son père qu'il allait s'engager à Rome, dans le corps de volontaires qui se formait sous le général de La Moricière.

Le 18 juin, il signa son engagement. Le 21, il inaugurait sa vie de soldat par une marche de neuf heures, sous un soleil de plomb. « Le sac m'écrasait la poitrine, écrit-il (1). Une fois ou deux j'ai cru que j'allais tomber suffoqué. Un homme a perdu connaissance, un autre est devenu presque fou. — 23 juin. De Palombara au pied de Nerola 24 milles, de Nerola à l'étape 16 milles. Fatigué, *mezzo* fou. J'étais un des treize arrivés les premiers à la grande étape, le commandant a fait prendre nos noms. — 29 juin. Ma nomination de caporal. »

Il accepta gaiement les fatigues et les privations d'une organisation à ses débuts, dans un pays où ne se trouvaient ni matériel, ni traditions militaires ; mais l'expérience personnelle qu'il fit de cette rude existence ne fut sans doute pas étrangère à la sollicitude compatissante qu'il témoigna plus tard à ses soldats.

Cependant le Piémont s'inquiétait de cette poignée de braves et, avant qu'elle eût eu le temps de se former, il lançait sur elle une armée et l'écrasait à Castelfidardo.

Adéodat vit tomber auprès de lui plusieurs de ses

---

1. Ces détails, comme tout ce qui pouvait inquiéter les siens, sont pris, non dans ses lettres, mais dans des carnets où il notait ses impressions, rarement au début, plus régulièrement à la fin.

camarades les plus aimés, entre'autres, M.M. de Nanteuil et de Parcevaux (1).

Quand les survivants de cette héroïque journée
dont les détails sont bien connus, se retrouvèrent le
soir, dans l'église de Lorette, ils étaient presque
décimés. On les dirigea sur Turin, sans que la capi-
tulation suffît à leur assurer les égards ordinaires,

---

1. En avril 1862, il écrivait à Mme de Nanteuil :

« MADAME,

» Lorsque M. de la Villeaucomte se ut engagé dans les zouaves,
je parlais souvent avec lui de votre fils. Il me dit que vous désiriez
apprendre tous les détails de sa vie en Italie et de sa glorieuse mort.
Je répondis à M. de la Villeaucomte que je croyais que notre tâche
serait bientôt terminée ; qu'à mon retour en France je comptais
faire un voyage en Bretagne et que je me ferais un devoir de vous rendre mes humbles hommages.

» Notre tâche est loin d'être achevée, et je ne sais si jamais j'aurai
l'honneur de me trouver en votre présence comme j'en ai le désir.
Je prends donc, Madame, la liberté de vous écrire ce que j'espérais
vous faire connaître de vive voix.

» Je me suis engagé au mois de juin, à Rome, dans la 2e compagnie
des tirailleurs franco-belges. Alfred, étant plus ancien que moi, se trouvait dans la 1re compagnie, et je le connus fort peu pendant le temps
que nous passâmes à Terni. Tout ce que je savais de lui, c'est qu'il
avait un excellent cœur et qu'il était aimé de tous ses camarades. Nous
tombâmes tout deux malades de la fièvre au mois d'août.

» Lorsque notre bataillon quitta Terni pour se rendre au camp situé
à quelque distance de cette ville, nous entrâmes en convalescence.
Nous n'étions pas en état de coucher sous la tente, et nous fûmes laissés
à Terni, Alfred et moi, comme gardes provisoires du magasin. Nous
étions tous deux seuls et nous nous liâmes bien vite. Nous parlions de
nos parents, de nos amis, de notre pays. Avec quelle affection touchante Alfred me parlait de vous, Madame, de M. de Nanteuil, de son
frère, de ses sœurs ! Il accomplissait son devoir, mais ce n'était pas sans

faciles pourtant envers des prisonniers si peu nombreux. Mais à Turin on les laissa libres. Adéodat
y trouva son frère, car, pendant que les journaux
annonçaient qu'un grand nombre de pontificaux avaient
été tués ou blessés, les correspondances privées étaient
interceptées, et, après quelques jours de mortelle
attente, Emmanuel était parti pour aller à la recher-

---

regrets et sans tristesse, car sa pensée était toujours loin de lui, près de
vous.

» Nous partîmes tous deux à la fin d'août pour Rome, où nous avions
six jours à passer en congé de convalescence. Nous ne nous sommes pas
quittés pendant ce bref séjour. D'abord Alfred était assez gai, mais, la
veille de notre départ, il revint fort triste du Colysée, que nous avions
visité de nuit, et il me parla peu ce soir-là. Le lendemain, il avait con-
servé sa tristesse, mais il avait le cœur plus ouvert. Il me dit le bonheur
qu'il aurait à revoir sa famille. Mais, me dit-il en finissant, s'il y a un
combat, je suis sûr de n'en point revenir, car je suis décidé à me faire
tuer plutôt que de me rendre, si nous sommes vaincus ; et si nous
sommes vainqueurs et que je sois parmi les morts, tu prendras quelque
chose sur moi pour l'envoyer à mon père et à ma mère en souvenir de
moi. Je le lui promis en lui disant que je ne partageais pas ses pressen-
timents.

» Nous étions de retour au camp de Terni le 3 septembre. Alfred
était passé dans la 3e compagnie à sa formation, et il avait repris un peu
de sa douce gaieté. Nous nous confessâmes tous deux le 7 septembre à
notre aumônier, et il le fit de nouveau le 17, au camp de Loreto, la
veille du combat.

» Nous quittâmes le camp le 12 septembre, et, n'étant pas dans la
même compagnie, nous nous vîmes peu pendant la route , car nous
étions si fatigués en arrivant le soir aux étapes, que nous nous couchions
presque aussitôt à la place qui nous était désignée pour passer la nuit.
Le matin du 18, nous quittâmes le camp sous Loreto pour aller au
combat. Tandis que le général de Pimodan haranguait les chasseurs italiens qui nous suivaient dans l'ordre de marche, nos compagnies se mêlè-
rent un instant, car chacun allait dire adieu à ses amis et leur serrer la
main. Alfred, en me donnant la sienne, était bien triste et avait les larmes

che de son frère. Ils revinrent ensemble dans leur famille.

Cette heureuse réunion ne fut pas de longue durée. Dès le 20 novembre le corps se réorganisait et Adéodat le rejoignait immédiatement. Il fut, cette fois, suivi de près par Emmanuel, qui signait à Rome son engagement dans les derniers jours de 1860.

aux yeux : « Adieu, me dit-il, et n'oublie pas ce que tu m'as promis. » Je lui répondis : « Au revoir ! car j'espère bien que nous nous retrouverons ce soir après le combat. » Il me serra encore la main sans me répondre, et, après nous être embrassés, il retourna à sa compagnie. Je ne le revis plus depuis ce moment, ni pendant ni après le combat. Le soir, lorsque je me trouvai à Loreto, au milieu du peu de mes camarades qui avaient pu revenir sains et saufs, je leur demandai s'ils avaient vu mon ami. Nul ne put me répondre. Ce n'est que le lendemain que j'appris la triste nouvelle, et ce n'est qu'à mon retour à Rome que j'ai pu en obtenir les détails.

» Un soldat piémontais, entrant le lendemain du combat à l'hôpital d'Osimo, présenta la photographie d'Alfred à un zouave blessé. Il lui dit que le soldat dont il voyait le portrait était blessé de quatre balles et que, sommé de se rendre par lui et d'autres soldats piémontais, il avait refusé et avait continué de se défendre jusqu'à ce qu'ils l'eussent achevé de deux coups de baïonnette.

» Ce sont les seuls détails que j'aie pu avoir sur cette mort, la plus glorieuse de toutes, puisqu'il a mieux aimé mourir que de se rendre aux ennemis de sa cause.

» Je n'ai pu savoir le nom du zouave qui avait reçu le portrait de votre fils.

» J'aurais dû, Madame, vous envoyer plus tôt ces détails ; mais n'étant pas connu de vous, j'ai hésité longtemps à renouveler les larmes d'une mère.

» Veuillez recevoir, Madame, l'assurance de mon dévouement et l'expression des sentiments sincères d'un homme qui s'honorera toute sa vie du nom d'ami que lui avait donné votre cher et noble fils.

» Je suis, etc.

Adéodat DUFOURNEL.

A ce moment les recrues affluaient et les volontaires prenaient le titre de zouaves pontificaux. Le 9 janvier le bataillon, réuni à Saint-Jean de Latran, prêtait sur les Évangiles le serment solennel de fidélité au Saint-Siège. Le 10, il se mettait en marche pour parcourir la Sabine et enlever les détachements que le Piémont introduisait secrètement dans les villes frontières. En racontant cette démonstration, entreprise avec des soldats de dix jours, l'ancien capitaine de la guerre de Crimée, le commandant de Becdelièvre, pouvait dire : « Mes soldats ont supporté comme de vieilles troupes les fatigues inouïes de ces quelques jours de marche. Ils ont traversé des chemins impraticables, bravé des pluies incessantes. Leurs chaussures étaient affreuses, leurs gîtes impossibles, leurs vivres insuffisants et de qualité détestable. Mais l'énergie et la gaieté surmontèrent tout. » Les lettres des deux frères ne démentent pas cette énergie.

Dans la nuit du 25 janvier, Emmanuel prit part à l'attaque d'un poste piémontais installé à Corrèze dans une « osteria » qui commandait la route de Terni et le pont du Tibre. Chargé avec cinq de ses camarades d'enfoncer une des portes, il trouvait en entrant quinze Piémontais à genoux qui tendaient leurs armes et demandaient grâce. On faisait cinquante prisonniers sans compter les blessés, et, en apprenant cette petite action, La Moricière chargeait le commandant de féliciter ses officiers et ses soldats.

Le mois suivant le bataillon fut cantonné à Anagni.
Pendant près de trois mois les zouaves couchèrent sur
la paille. Une pareille installation, par des temps plu-
vieux et froids, éprouvait rudement les santés. L'abbé
Daniel constatait déjà la résignation et la sainte joie
avec lesquelles mouraient à l'hôpital, et quel hôpital !
ces jeunes gens qui étaient venus chercher un autre
champ de bataille. Ils travaillaient aussi avec ardeur
et Emmanuel pouvait dire : «Nous manœuvrons comme
de vieux soldats. » Il était alors caporal et Adéodat
lieutenant.

Du reste ils ne tardèrent pas à entrer dans le calme
plat. Sur tous les points de la frontière où des conflits
pouvaient se produire, le général de Goyon avait
envoyé des détachements français. Il n'y avait plus
d'espoir de se battre. C'était la vie de garnison qui
allait commencer, la vie monotone, sans intérêt, sans
utilité apparente. Elle se prolongera pendant des
années, sans qu'on puisse en prévoir le terme et atta-
cher son espoir à une date de délivrance, sans aucun
stimulant et avec toutes les aggravations qu'y peut
apporter le pays où ils vont la mener. Toute ressource
y fera défaut, la chaleur sera terrible en été, il faudra
subir l'hiver dans des masures sans cheminées. Parfois
les habitants, travaillés par les sectes, seront prêts à
toutes les trahisons, grandes et petites. Il est facile de
comprendre le genre de persévérance et de courage,

plus méritoire peut-être que celui de la guerre, que cette vie allait demander. Les plus longs séjours se feront dans ces petites villes d'Italie, souvent si pittoresques, si merveilleusement situées aux yeux du voyageur qui passe. Mais ceux qui y ont pénétré devinent quelle doit être, pour des gens faits à des habitudes plus civilisées, l'épreuve d'y vivre longtemps. En décrivant la vue de sa fenêtre à Palestrina, Adéodat, au milieu de l'admiration de ces beaux horizons, exprime d'un mot énergique ce dégoût permanent : « Ce que je vois est donc charmant en détail, l'ensemble est grandiose, mais il a deux défauts. Le premier est d'être trop loin de vous, le second, c'est que la rue où je crache est bien sale. » Ce n'était rien encore si la maladie ne survenait pas. Mais quand Adéodat et un de ses amis sont pris, dans une de ces misérables bourgades, d'une dysenterie si grave qu'ils pensaient en mourir, ils sont tellement abandonnés et privés de tout secours qu'ils en sont réduits, pour trouver un verre d'eau, à descendre plusieurs étages sans savoir s'ils auront la force de les remonter.

Adéodat n'a raconté que par surprise ses impressions d'alors, et toutes les privations de ces longues années, ces belles années de leur jeunesse, n'ont été que devinées, car ils n'en parlaient jamais. A peine pouvait-on entrevoir la lassitude dans leur plaisir à retrouver les moindres habitudes de leur vie de famille. Et si Emmanuel écrivait : « Ce n'est pas sans horreur que

je vous quitte pour aller avaler un certain brouet
noir qui compose tous nos repas », c'était un hasard.

La fièvre d'Italie était une épreuve plus dangereuse
et plus durable. Emmanuel en fut atteint. Elle le terras-
sait un jour sur trois, mais bien loin de s'en plaindre,
c'est tout au plus s'il en convenait. Pour tous, l'entrain
des premiers temps s'était pourtant refroidi : il n'y avait
plus d'engagements nouveaux. Le sentiment du devoir
pouvait seul retenir les ouvriers de la première heure.
C'est dans ces temps-là qu'Adéo écrivait à un de ses
cousins : « Tu montes peut-être en ce moment ma
jument pour aller à La Loge et tu te dis que je serais
plus heureux de cavalcader près de toi que de traîner
mes bottes sur le pavé de Rome. Je pense comme toi,
mais je crois aussi que DIEU nous indique, par la voix
de la conscience, le chemin que nous devons suivre, et je
crois être dans ce chemin en menant en Italie l'existence monotone qu'entraîne toujours avec elle la vie
de garnison. Si notre bataillon n'était composé que
de jeunes gens comme moi, qui n'étais dans mon pays
d'aucune utilité et ne méritais l'affection de mes
parents et de mes amis que parce que je ne faisais pas
de mal, tout en ne faisant aucun bien, je croirais
volontiers que nous ne sommes qu'une masse de jeunes
hommes aventureux et amoureux de changement.
Mais il y a, parmi nous, beaucoup d'hommes mûrs
et raisonnables qui ont quitté leur position et
leur famille, sans coup de tête et sans enthousiasme

exagéré, pour venir faire ici ce qu'ils croient être leur devoir et se soumettre, comme simples soldats, à des officiers plus jeunes qu'eux, ayant occupé dans le monde des situations inférieures et n'ayant d'autre supériorité sur eux qu'un peu plus de pratique militaire. C'est le nombre assez considérable de ces hommes qui me fait croire que nous sommes ici pour faire la volonté de DIEU, qui a ses vues sur nous. Je ne puis croire qu'il ait réuni, sans dessein, des hommes de tous les points de la France, pour les faire se connaître et s'estimer réciproquement ; je crois que, plus tard, cette chaîne qui joindra la Bretagne à la Comté, le Nord au Languedoc et à la Provence, servira de lien aux honnêtes gens de la France lorsqu'ils se lèveront enfin contre les révolutionnaires triomphants, quand ceux-ci insulteront DIEU dans le bouleversement de la paix du monde, paix qui ne peut exister qu'en s'appuyant sur la sainte Religion dont le Pape est le chef. Je voudrais bien que mes prévisions ne se réalisent pas, mais je crois que nous approchons de temps bien cruels dans lesquels je prie DIEU d'épargner mes parents si le sacrifice que je fais, en vivant loin d'eux, peut avoir quelque mérite à ses yeux. Il m'est dur de vivre si longtemps loin de vous ; au moins soyez sûrs qu'aucune autre affection n'est venue diminuer celle que je porte aux miens, et que si DIEU me permet un jour de revoir la France, si mon corps n'y revient pas en entier, j'y remporterai mon cœur bien intact et d'autant plus plein de l'affection de famille que j'en aurai été plus longtemps privé. » Et dans une autre lettre : « Je m'ennuie bien ici, mais, tant que je ne croirai pas pouvoir faire mieux en France, je resterai à mon poste. J'espère que cela me vaudra des exemptions pour le Purgatoire, dont j'ai d'autant plus peur que les chances de mourir pour la Papauté me semblent diminuer de jour en jour. Il faut, en toutes choses, de la patience et de la persévérance. Dans notre métier, les batailles sont la récompense de ceux qui ont su pratiquer ces deux vertus. » De son côté, Emmanuel écrivait : « Adéo a une gentille petite nostalgie. Suivant l'exemple de M. Vieuxbois, il a acheté un cheval pour se distraire. Quant à moi, je m'ennuie à crier. Mes deux amis intimes sont partis pour la France. Ceux qui ont la fièvre y vont pour se remettre, et les autres pour se guérir du mal du pays. C'est une raison de plus pour que nous restions. »

Il y avait des moments meilleurs, tels que ceux qu'ils passèrent à Porto d'Anzio, campés très près de la villa où le Saint-Père séjourna pendant l'été de 1862. Il venait les voir souvent, aimant à se trouver au milieu de ses soldats qui l'aimaient tant, les bénissant, s'intéressant à tous les détails de leur vie. Ils accueillaient aussi avec tout leur jeune enthousiasme les visites du Roi et de la Reine de Naples : « C'était

la première fois de ma vie que je criais : Vive le Roi,
disait Emmanuel, et je crois que jamais je ne le crierai
avec plus d'émotion. Tout le monde avait les larmes
aux yeux. C'était aussi la première fois que je pleurais
depuis que je vous ai quittés. » Et son frère : « Le
Saint-Père a voulu juger de la manière dont nous
étions couchés sur la paille ; il a demandé au colonel
de faire coucher une compagnie comme si la nuit était
venue ; la deuxième a été désignée, il a visité les
tentes, réveillant du bout de sa canne les hommes qui
faisaient semblant de dormir, et, après leur avoir dit
quelques paroles, les bénissant. Il a été très gai
pendant cette visite, qui a duré trois heures ; puis il est
descendu jusqu'au port, toujours à pied, et est allé
jusqu'au bout de la jetée. Les soldats et les habitants
se pressaient autour de lui ; il ne pouvait avancer
qu'avec peine, obligé qu'il était de donner sa main à
baiser à la foule à genoux. Je regardais cela du côté
opposé du rivage ; j'ai rarement vu un spectacle
aussi beau. Le soleil se couchait et la mer avait passé
du bleu au violet clair. Les montagnes éloignées qui
entourent la baie à gauche étaient d'un gris doré et la
petite ville de Nettuno, à deux kilomètres d'ici, était
couleur d'or. Le 27 mai, le Saint-Père s'est encore
promené dans la baie, sur le canot de sa corvette
l'*Immaculée-Conception* ; je l'ai suivi dans une barque,
et il nous a donné encore cette bénédiction qui en
porte tant d'autres avec elle. C'est dans ces moments-

là surtout que je pense à ma mère qui prie pour nous, à vous, chères sœurs, à mon père, à tous nos parents à qui je prie DIEU d'envoyer le bonheur et, plus tard, le repos dans le Ciel. »

Il vint en France en cette année-là, 1862, et il eut, pendant ce congé la joie très vive de voir Monsieur le comte de Chambord, qui était venu à Lucerne pour recevoir les royalistes. Cette nombreuse réunion, rare alors, d'hommes professant la même foi politique eût été, à elle seule, un plaisir pour lui. Mais il était surtout touché du bonheur d'approcher enfin le prince auquel il avait voué une ardente fidélité.

En 1863, le mariage de leur sœur aînée ramena les deux frères ensemble. Adéo pouvait dire : « J'en ai un peu le droit. Voici trois ans que je sers le Saint-Père et je n'ai eu que six semaines de congé. J'en ai aussi un peu besoin, car je sens que je m'use et que je vieillis. Beaucoup, découragés, quittent le bataillon définitivement. Je ne les imiterai pas, Emmanuel non plus. Il ne compte passer que deux mois en France à l'occasion de ton mariage. Je l'engageais à y rester plus long-temps, au moins jusqu'à la fin d'août, qui est le mauvais mois des fièvres, mais il ne veut pas laisser sa place vide et, au fond, il a raison. La santé doit passer après le devoir et le dévouement. »

« J'ai repris ma vie de mon mieux, écrit-il à son retour en Italie, mais elle est monotone comme avant.

DIEU devrait bien nous récompenser, sur cette terre, par un combat qui nous ferait jouir plus tôt et plus sûrement des joies de son Paradis. Au lieu de cela, notre utilité consiste à être un bataillon de protestation, bon à être sacrifié un jour ou l'autre sur le premier point de la frontière que les Français voudront abandonner. »

Il ne tarda pourtant pas à revenir, appelé par une maladie grave de sa plus jeune sœur. Avant d'arriver il écrivait : « Que je voudrais être auprès du lit de ma petite Marie ! Je prie DIEU ardemment pour pouvoir bientôt retourner près de vous. Mon pauvre père a dû bien souffrir !... J'aimerais mieux, pour moi, mourir d'une belle balle, loin de lui, que de souffrir doublement en lui donnant de si terribles inquiétudes. »

Que de fois nous verrons revenir sous sa plume cette « belle balle ! »

La Convention du 15 septembre ne fit que rendre visible à tous les yeux ce qui était depuis longtemps évident pour ceux qui ne cherchaient pas à s'illusionner sur les tendances fatales du gouvernement de Napoléon III. Quand on voyait de près le genre de protection qu'il apportait au Pape, et le discrédit qu'il n'hésitait jamais à laisser tomber sur l'autorité qu'il était censé soutenir, on ne pouvait conserver aucun doute sur ses faiblesses secrètes. Aussi cette Convention fut-elle accueillie par Rome sans grand étonnement et avec la sérénité qui est un des traits de sa grandeur.

« La Convention fait plus de bruit en France qu'à Rome, dit Adéo, le Saint-Père ne songe nullement à augmenter l'armée ; il reçoit toujours les volontaires à bras ouverts, mais il ne veut faire ni appel, ni demande, et compte beaucoup plus sur le secours de DIEU que sur celui des hommes. Ceux qui jugent le pouvoir temporel inutile espèrent donc voir, dans deux ans, la Papauté renversée et exilée. Ils ne seront inquiets que lorsqu'ils en verront les conséquences au cœur de la France. »

On est tenté de souligner ces derniers mots si tristement vérifiés. Celui qui les écrivait et son frère n'étaient plus de ce monde quand leur accomplissement littéral, après avoir relevé de leur faction d'honneur les défenseurs de la souveraineté pontificale, laissa en 1870 les zouaves français libres de rentrer dans leur pays. Ils le trouvaient « envahi jusqu'au cœur », et ces braves à qui l'Empire, effondré dans la catastrophe où il avait entraîné la France, avait voulu enlever jusqu'au nom de Français, accouraient sans tarder à leur patrie malheureuse. Ils se trouvaient toujours « bons à être sacrifiés ». Ce fut leur revanche providentielle. Depuis lors on ne les entend plus nommer qu'avec respect, même dans les camps les plus opposés. Et si leurs compagnons, tombés avant eux, avaient pu désirer voir un autre jour sur la terre, c'eût été celui de Patay, où DIEU réservait aux Volontaires de l'Ouest l'honneur de déployer un signe divin de ralliement, d'empourprer de leur sang et

d'embaumer d'espérance l'étendard de la Charité, le
drapeau du Sacré-Cœur.

L'année 1865 commença tristement. « Madame de
Charette, écrit Adéodat, est morte le 22 janvier dernier. Cette perte est immense pour notre pauvre commandant et pour nous tous. Elle s'était faite le centre
du bataillon. Par sa douceur et sa bonté elle remplaçait
pour nous la famille absente. Elle allait souvent à l'hôpital voir les malades et sera enterrée près d'un pauvre
zouave dont elle avait adouci les derniers moments. Je
l'ai veillée, la nuit de sa mort, avec deux de mes camarades. Le commandant s'est montré admirable dans sa
résignation... Avant de la quitter pour la dernière fois,
il m'a envoyé chercher son sabre et lui a fait toucher
ses lèvres... Heureux ceux qui, mourant bientôt pour
le Saint-Père, iront rejoindre au Ciel cette sainte femme
qui est morte, elle aussi, pour cette cause ! Pour nous
elle remplaçait la mère ou la sœur absente, près d'elle
on oubliait l'exil, et l'espoir de son estime était une
source de bonnes actions. »

Emmanuel souffrait depuis longtemps des fièvres
d'Italie. Il ne devait pas en guérir et il fallait tout son
courage pour revenir toujours dans ce climat meurtrier,
toute sa douceur pour supporter sans se plaindre jamais,
sans même en parler, cet état si pénible. Au printemps
de 1865, il vint en France pour six mois.

Adéodat résistait à toutes les instances faites pour le

décider à le suivre. Si on lui représentait l'inutilité de ses longs séjours à Rome, il répondait (1) : « Je vois que vous ne comprenez pas notre sacrifice. Il est plus généreux de lutter, de combattre peu que nombreux... Mgr de Mérode est le seul homme qui ait su jusqu'à présent tenir tête aux Français, s'opposer à leurs empiétements sur le pouvoir du Pape, qui finira par n'être littéralement qu'un prisonnier dans ses États. J'accomplis ici un devoir que m'impose ma conscience. Le jour où je me croirai utile en France, auprès de vous, je quitterai l'Italie, mais je me tiendrai toujours prêt à donner mon sang pour le Pape. Le plus grand sacrifice que je puisse faire à Dieu n'est pas celui de ma vie, mais de la passer ici, loin d'une famille que j'aime tant. Que les quelques mois que j'ai passés au milieu d'elle m'ont paru courts ! et combien je désire pouvoir y revenir bientôt pour toujours si Dieu le permet ! »

Quand on lui parlait de mariage, il en éloignait encore plus résolument l'idée. « Il ne faut pas se marier avec des arrière-pensées de liberté, d'aventures de combats. Je suis un peu Don Quichotte, m'avezvous dit. Croyez-vous que Don Quichotte eût fait un bon mari ? S'il était passé en voiture avec Dulcinée près d'un beau moulin à vent, il se serait désespéré de ne pas être à cheval et de ne pas pouvoir transpercer

---

1. Tout ce qui sera cité désormais sans indication sera d'Adéodat. La correspondance de son frère, obligé de prendre souvent des congés pour raison de santé, devient naturellement moins fréquente.

ce cruel géant. Pour moi, qui ne rêve comme intérieur qu'une tente sur les montagnes, la veille d'un combat avec les Piémontais, laissez-moi espérer encore un Castelfidardo. » Plus tard : « Tu sais que je ne veux pas me marier, que je vois l'avenir fort en noir. Libre de faire ce que je veux, je me sens fort contre lui, mais si j'avais charge de famille je me sentirais faible contre le malheur. Ma résolution a été prise, le jour de la Convention du 15 septembre, de rester au service du Pape jusqu'à son exécution, c'est-à-dire jusqu'à la fin de l'année prochaine, et plus longtemps si je crois le Pape menacé dans ses États ou dans sa personne. J'espérais prendre mon congé cette année, mais ma nomination de capitaine est venue m'imposer de nouveaux devoirs et l'obligation de donner l'exemple dans les moments pénibles où, comme dans ceux-ci, le bataillon souffre des chaleurs et des fièvres. »

Lui-même venait d'être assez gravement malade d'une jaunisse et, comme toujours, avait pris soin qu'on n'en sût rien jusqu'à ce qu'elle fût guérie. C'était une mauvaise condition pour affronter le choléra qui venait d'éclater en Italie. « Le choléra viendrait qu'il ne rendrait le devoir que plus impérieux. Un simple soldat peut prendre un congé ; il y a des circonstances où un officier ne le peut pas... Il vaut mieux mourir jeune et aller au Ciel, que de vivre de longues années au grand contentement de ses proches et de passer longtemps en purgatoire, sans parler de toutes les occasions qu'on peut avoir de mériter l'enfer. C'est un raisonnement incompréhensible pour ceux qui n'ont pas notre foi, mais pour nous il est irréfutable...

« Mme de Chevreuse a renvoyé ici son fils aussitôt son congé fini. Elle a écrit au commandant une lettre admirable, comme en peut seule écrire une mère chrétienne. Elle vient de perdre sa fille et elle offre à Dieu la vie de son fils, qu'elle aime autant qu'une mère peut aimer. »

La gravité des pensées qui dominaient ainsi son âme donnait à son caractère une teinte de mélancolie qui lui était du reste naturelle. Mais, si elle se reflétait souvent dans sa correspondance intime, elle n'excluait ni une gaieté brillante, ni l'entrain et une constante activité. Exact et peut-être quelquefois sévère dans le service, il était pourtant très aimé, parce qu'on le savait plus rigoureux pour lui-même que pour les autres et d'une justice scrupuleuse ; très occupé aussi de ses hommes. « Songe donc qu'à vingt-sept ans je dois, ou plutôt je devrais être le père de mes cent trente-sept hommes ! Cela me vieillit un peu. »

Nous trouvons très bien rendue l'impression qu'il produisait sur ses camarades dans un charmant recueil de lettres de M. le Chauff de Kerguenec. Ces lettres, dans des récits alertes et détaillés, font assister, jour par jour pour ainsi dire, à la vie des zouaves dans ces années de tranquillité relative. Nous en détachons une.

« Palestrina, 4 décembre 1864.

» Un de nos lieutenants, M. Adéodat Dufournel, dont le frère est sergent-major à notre 1re compagnie, m'ayant offert gracieusement une place à son feu et à sa chandelle, j'ai déjà passé plusieurs fois la soirée en sa très aimable société. Dimanche dernier, on a fait de la musique; le lieutenant pince très bien de la guitare, tout comme Kermoal. Il a une belle voix, pour sûr, une superbe voix de baryton tout à la fois pleine et mélodieuse. Ce n'est pas étonnant, il est si bien bâti : ses belles moustaches brunes, touffues comme un herbage normand, annoncent une vigueur peu commune. J'ai encore dans l'oreille sa petite cantilène napolitaine des Fraises ; il y a une chute admirable à la fin d'un certain vers : *Ma non son quelle della montagna.* Il avait à ce moment une note délicieuse. Si M. Dufournel n'avait pas d'autres qualités que le charme de sa voix, et ses débuts plus que satisfaisants dans l'art de faire vibrer les cinq cordes d'une guitare, ce serait peu pour un lieutenant de zouaves ; mais il a plu à DIEU de l'orner, je dirai presque avec profusion, d'autres dons bien plus précieux. Pour moi, il est le gentilhomme chrétien et l'officier pontifical par excellence. Chez lui la distinction des manières, la bonté et la simplicité s'allient merveilleusement à une fermeté peu commune, à une piété sincère mais sans affectation, et à une instruction solide. Le physique ne le cède en rien au moral, et quand on le voit marcher à la tête de sa compagnie, on s'exclame malgré soi : « Le bel officier! » Bref, il y a du héros dans cette nature. »

Si ce charme extérieur s'imposait au premier abord, cette piété sincère, quelqu'intime et pour ainsi dire cachée qu'elle fût, frappait à la longue ceux qui le voyaient de près. C'est encore M. le Chauff qui écrit : « M. de Couëssin, la distinction et la bonté mêmes, est atteint d'une belle typhoïde. M. Dufournel, son grand ami, n'en dort pas et se met en dix pour le soigner ; il est si saint et en même temps si adroit qu'il est capable à lui tout seul de le guérir. »

En 1866, les Français se retirant peu à peu des provinces, les pontificaux les remplacèrent. Le brigandage, assuré de la connivence du Piémont, dont le jeu était d'indisposer les populations, allait se sentir encouragé. C'était un nouveau genre de campagne pour les zouaves, envoyés en détachement dans les montagnes. Dans ce beau pays, cela avait un côté pittoresque qui n'était pas pour déplaire à un amateur déterminé de chevauchées et d'ascensions comme l'était Adéodat ; mais cela devait durer trop longtemps.

« Cette nuit j'ai reconduit Ferron jusqu'à Tor Tre Ponte dans les marais Pontins. J'en suis revenu par un clair de lune magnifique qui donnait à tous les objets, arbres et bœufs, des proportions fantastiques. Le feu

était allumé pour le café sous les arcades de l'église,
auxquelles il donnait une couleur superbe. Les che-
vaux, qui sont là en liberté, accouraient tous vers la
route en entendant le trot de mon cheval ; puis, quand
ils avaient reconnu que c'était un cheval monté, me pre-
nant pour un gardien, ils fuyaient de toute leur vitesse
et regagnaient les points les plus éloignés de la
route. »

L'été venu, Adéodat fut détaché avec sa compagnie
dans le massif montagneux situé entre Frosinone et
Velletri. Pendant six mois il mena dans ce pays perdu
la vie de chasseur de brigands. Il était installé à la
Chartreuse de Trisulti. « Le 3 juin. Je suis arrivé en
passant par Collepardo, où j'ai laissé mon lieutenant
Olivier de Kermel et cinquante hommes ; j'ai un autre
détachement de vingt hommes à Vico, à une heure
et demie d'ici. Je suis installé assez bien avec cinquante
hommes et mon sous-lieutenant de Gouttepagnon. Lui
et moi mangeons la nourriture des moines, maigre
d'un bout de l'année à l'autre ; je m'en trouve très bien.
Il est défendu de faire entrer de la viande dans l'enceinte
du couvent ; aussi, pour que les soldats puissent manger
la leur, on a été obligé de bâtir une cuisine et une espèce
de salle à manger à la porte. La ville la plus proche est
Alatri, à environ trois lieues ; les chemins ne sont guère
praticables qu'aux bêtes de somme. C'est de là cependant que nous vient tous les jours le nécessaire pour le
détachement. Les gens du pays ont si peur des brigands

que j'entends les hommes de Veroli dire que, si vingt
brigands entraient dans la ville, tous les hommes s'en-
fermeraient chez eux, et qu'il ne s'en trouverait pas un
pour tirer de sa fenêtre sur les bandits.

» Le couvent de Trisulti sert d'étape aux Napolitains quand ils vont moissonner dans la campagne
romaine. Ils dorment là sous les voûtes du four à chaux.
On distribue chaque jour plus de trois cents gros morceaux de pain à la porte du couvent et de grandes quan-
tités de soupe et de poisson. Les remèdes sont fournis
gratuitement à toute la contrée.

» J'ai fait, lundi, une patrouille de trente heures, obli-
gatoire pour moi deux fois la semaine. Je dois partir
à deux heures du matin et ne rentrer à Trisulti que le
jour suivant après le lever du soleil. Lundi nous avons
marché treize heures. Nous avons suivi la frontière
de Naples, ayant une vue merveilleuse sur le val di
Rovetto et les plus hautes montagnes des Apennins.
Nous étions accueillis par les bergers napolitains, qui
ont en horreur les Piémontais. Après avoir fait l'ascen-
sion du mont Passegio (2.100 mètres), nous sommes
descendus par les Prati di Campoli, immense prairie
resserrée entre des bois et où vivent l'été des milliers
de bœufs, chèvres et moutons. Le soir nous étions à
Santa Maria di Massena, poste occupé par les zouaves
de la 3ᵐᵉ compagnie. Nous avons couché là sur un
pré bien dur, auprès d'un bon feu. Le lendemain nous
sommes rentrés ici vers six heures du matin. Je repars

cette nuit à deux heures pour en faire autant d'un autre côté. Comme nous parcourons un pays habité seulement par des bergers, nous portons nous-mêmes de quoi nous nourrir pendant ces trente heures. »

. . . .

« Veux-tu une histoire de brigands ?

» Il y avait une fois un lieutenant qui s'appelait Kermel. Il avertit un beau jour son capitaine, nommé Dufournel, que quelques brigands fréquentaient quelques cabanes indiquées par un guide. Le capitaine répondit : Partez à minuit par Collepardo avec trente hommes et emmenez avec vous le guide ; je partirai à minuit et demi de Trisulti avec trente hommes aussi, et nous nous rejoindrons à San-Nicolo, où le premier attendra le second. Ainsi dit, ainsi fait. A une heure et demie après minuit, les soixante hommes étaient réunis à San-Nicolo. Ils y prirent cinq guides et marchèrent un par un, pendant une heure et demie ou deux heures, dans le plus grand silence. Lorsqu'ils furent arrivés sur une montagne couverte de hêtres, ils se séparèrent en cinq petites bandes, et chacun alla occuper le sentier ou le défilé qui lui était désigné par son guide. Au point du jour une de ces bandes devait monter aux cabanes et les brigands, en fuyant, devaient passer devant les carabines des hommes embusqués.

» Le lieutenant de Kermel avait très bien placé ses hommes ; lui-même et deux d'entr'eux étaient postés derrière les arbres d'un joli petit bocqueteau de hêtres.

Deux brigands, au lieu de dormir dans les cabanes, comme la nuit était belle quoiqu'obscure , étaient venus dormir dans le bois, enveloppés de bons manteaux. Au bruit que firent les zouaves en se postant, les brigands se levèrent ; le premier fit feu de son revolver sur le zouave qui était près de lui et le manqua. Les deux zouaves firent feu aussi et manquèrent le brigand qui s'en fut avec son compagnon, grâce à la nuit et à l'agilité de ses mollets. Les zouaves se consolèrent en ramassant les manteaux des brigands et en mangeant le poulet et le macaroni qu'ils avaient fait cuire, la veille, pour leur déjeuner du matin. Mais les brigands se sont vengés en tuant deux pauvres gardes du couvent de Trisulti qui leur portaient des vivres tous les jours, et par qui ils croyaient avoir été trahis. »

Le 22 novembre, il y eut une rencontre plus sérieuse. Les carabiniers avaient été engagés le matin. Les zouaves avertis firent quelques heures de marche forcée et se trouvèrent au nombre de vingt en face de soixante-cinq brigands bien déterminés, bien commandés et retranchés sur un monticule. Après un feu assez vif, le capitaine Dufournel les délogea. Cet engagement, mis à l'ordre du jour, lui fit donner la croix de Pie IX, mais son clairon Scudieri, un zouave italien dont il conserva pieusement le souvenir, fut tué et un autre zouave blessé.

Dans la solitude de ces montagnes, ses lettres prenaient un tour plus affectueux. « Ne m'amollis pas par trop de tendresse. Cette chère affection me fait quelquefois presque pleurer, moi, un vieux soldat. Courage, le bon DIEU m'a fait échapper aux balles de Castelfidardo, dernièrement à celles des brigands. Aie donc confiance en lui. Qui sait si ces craintes de mort ne sont pas nécessaires pour que l'âme vive sous sa sainte loi ! La pensée de la mort mène à confesse plus souvent que les joies de la vie. Je me rappelle bien mieux qu'avant les bontés de ma sainte mère. Il me semble souvent que je la revois, moi, enfant, à genoux devant elle, lorsqu'elle m'apprenait la première prière. Plus la vie passe, plus elle paraît peu de chose, et je prie bien davantage maintenant DIEU d'accorder à ceux qui me sont chers la bonne mort qui nous réunira tous un jour dans le bonheur. »

Il suivait avec un grand intérêt les événements qui se passaient alors. « J'ai été aux anges de la pile reçue par l'Italie à Custozza, et désolé de la défaite de Sadowa.. Je suis beaucoup plus inquiet sur le sort de la France que sur celui du Saint-Père. J'ai peur que notre pauvre pays ne paie bien cher tout le mal qu'il a fait dans le monde et surtout sa trahison envers le Saint-Père. On peut bien rejeter la faute sur l'empereur, mais le pays qui a souffert à sa tête un misérable pareil est toujours responsable. Le nom de Français, si respecté autrefois, est maintenant méprisé à l'égal du nom italien. Nous avons été soufffletés à propos de la Pologne, nous l'avons été par la Prusse et nous venons de l'être au Mexique par les Américains. »

A Rome même la France battait en retraite devant cette Italie que son aveugle générosité avait si récemment appelée à l'existence, et rien ne pouvait lui ouvrir les yeux sur les abîmes que creusait autour d'elle sa politique étrangère. La Convention exécutée, les zouaves vinrent à Rome remplacer les Français. C'était bien leur poste et leur rôle. L'approche du danger réveillait les dévouements, on venait de nouveau s'engager dans ce bataillon qui fut alors transformé en régiment sous le commandement du colonel Allet et du lieutenant-colonel de Charette. Adéodat y fut nommé capitaine adjudant-major et Emmanuel sous-lieutenant. « Je ne vous cacherai pas, écrit ce dernier, que j'ai éprouvé une vive joie à dire adieu à la caserne et surtout à ce vieux sac que j'ai porté depuis plus de six ans. Ce qui me fait le plus de plaisir dans ce grade, c'est que je n'ai jamais fait la moindre démarche pour l'obtenir et que personne ne peut se dire lésé par ma nomination. J'ai appris avec satisfaction aussi qu'on m'a regretté dans mon ancienne compagnie, quoique je sois un peu trop sévère dans le service. Je tâcherai de me faire aimer dans la nouvelle, qui est commandée par un de mes amis. »

Malgré les excitations révolutionnaires et en dépit du Piémont, les États Pontificaux restèrent calmes.

Adéo aimait à constater cette tranquillité, si différente de l'état de malaise et de désaffection que la presse inféodée à la jeune Italie avait l'habitude de prêter aux sujets du Pape.

« Voilà bientôt six mois que les Français sont partis et, depuis ce temps, il n'y a pas eu à Rome le moindre mouvement de révolte ou d'opposition. La population est pourtant de 200.000 âmes, sans compter les étrangers, et, depuis le départ des Français, il n'y a jamais eu dans la ville plus de 5.000 hommes de troupes, gendarmerie comprise. Le reste de l'État est d'environ 600.000 âmes et la troupe, dans les provinces, n'atteint pas le chiffre de 5.000. Cette troupe, occupée à garantir le pays du brigandage, n'a pas eu non plus à réprimer le moindre mouvement insurrectionnel, et cependant, rien ne serait plus facile que de se soulever quand les garnisons sont vides par suite des longues courses que les soldats sont obligés de faire dans les montagnes. »

Au printemps de 1867, les deux frères et leurs sœurs se retrouvèrent ensemble pendant quelques jours à Rome. C'était pendant la Semaine Sainte et la semaine de Pâques, le meilleur moment de Rome, où tant de frères répandus dans le vaste monde catholique semblent, comme autrefois à Jérusalem, se donner rendez-vous ; où tous les charmes pénétrants de la saison, de l'admirable pays et du grand passé, ne servent que de cadre aux saints mystères de la religion nouvelle, immortelle, qui peut bien prêter sa gloire à la vieille capitale du monde ancien, mais qui, si on l'en chasse, emporte avec elle tout ce qui attirait ses enfants. Saint-Pierre et le Vatican leur semblent maintenant, au-dessus de cette ville qui s'en est séparée, comme un vaisseau à l'ancre qu'ils sont prêts à suivre partout, car il porte leurs célestes destinées. — Mais en cette année-là, Rome était encore toute dans Rome.

Cette courte réunion parut plus tard providentielle, mais personne alors n'eût pu prévoir qu'elle serait la dernière et qu'elle devait aider à supporter l'amertume de la séparation suprême.

« Merci de ta gentille et tendre lettre, écrit Adéo après le départ, elle augmente encore le regret de notre séparation. Il faut donc en ce monde expier tous les bonheurs. Ces quinze jours, si doux, passés ensemble, ont été bien vite finis et ce bon souvenir est une cause de tristesse. Oh ! oui, on peut dire qu'ils sont heureux ceux qui, les premiers, quittent cette terre misérable, où nous devons si souvent abandonner ceux qui nous sont chers, où nous devons tous nous attendre à la mort, pour nous ou pour eux, dernière et terrible séparation. Souvent je suis pris d'admiration pour les pauvres paysans bretons qui sont aux zouaves. Ils n'avaient jamais quitté leur famille ; ils n'étaient pas riches, mais chaque jour ils mangeaient leur pain noir avec leur père, leur mère, leurs frères ; ils n'avaient d'autre horizon que celui de leur lande, d'autres fêtes que celles de la paroisse, et jamais l'idée ne leur serait venue de franchir la limite de leur province et peut-être de leur canton. Leur sacrifice doit être plus grand que le nôtre, à nous qui avons pour nous distraire le monde, la fortune, les plaisirs de l'intelligence. Les hommes récompensent les chefs, les capitaines, les colonels ; mais DIEU aura, je crois, de plus grandes récompenses pour les humbles soldats, pauvres enfants que l'hôpital attend, s'ils sont malades, et qu'une tombe sans nom et peut-être commune recevra s'ils viennent à mourir. Comment l'homme qui n'a pas foi en une autre vie peut-il se dévouer ? Comment est-il capable seulement d'aimer un autre que lui-même et ses penchants ? C'est que peut-être il n'est pas un homme qui n'aît l'instinct de cette autre vie, et de la récompense ou du châtiment qui doit l'y attendre après sa mort. Remercions DIEU qui nous a fait naître dans la vraie religion.... »

Le 18 juin, dans une note : « Il y a aujourd'hui sept ans que je sers le Pape. Jacob a servi son beau-père le même temps pour avoir Rachel. Le bon DIEU devrait bien m'accorder une bonne mort pour récompense de mes pauvres services. »

Ce n'était pas d'un désir imaginaire qu'il désirait, autant que d'autres la redoutent, cette mort dont la pensée se retrouve sans cesse sous sa plume. Il allait au-devant d'elle, même quand elle se présentait sous sa forme la plus terrifiante.

En juillet, le choléra éclata à Rome. Plusieurs zouaves furent frappés : « Je viens de voir Boursault, mourant à l'hôpital. Il ne m'a pas reconnu, il était froid comme le marbre. La Sœur m'a dit qu'il mourait très résigné, presque content. »

Quelques jours après : « Le choléra s'est abattu sur Albano la veille du jour où devait y arriver un détachement de cinquante zouaves. Il y a eu jusqu'à cent morts dans un jour sur une population de sept à huit mille âmes. Tous les Romains qui étaient en villégiature en sont partis, mais plusieurs sont morts en arrivant à Rome. Les habitants d'Albano ont été tellement terrifiés qu'ils abandonnaient les malades, même avant qu'ils fussent morts. Il n'y a de courageux là que le clergé et les zouaves. Le cardinal Altieri parcourt la ville en étole, administrant, partout où il est nécessaire, les secours de DIEU. Les zouaves, eux, ont un autre ministère : les habitants les attendent dans la rue et leur montrent les maisons où il y a des morts. Les zouaves y montent et emportent les cadavres dans des voitures, cadavres sans bières et enveloppés seulement dans un drap ; puis il les portent au cimetière, où ils les jettent dans les fosses qu'ils creusent. Un zouave a pris le choléra dans une de ces fosses mêmes et il en est mort. Ils font ce service de bonne volonté et de tout cœur. Le maire de la ville s'est sauvé dans les Romagnes ; il

était grand marchand de bois et a refusé, avant de
partir, d'ouvrir ses magasins pour qu'on pût y prendre
le bois nécessaire à la fabrication des bières. C'est
maintenant le vicaire général qui a les clefs de la
Commune.

» Albano est une des villes les plus révolutionnaires
de l'État du Pape. Lorsqu'ils ont su que les zouaves
devaient y venir, ils disaient que c'était pour leur
apporter le choléra de Rome ; et le choléra les a frappés la veille de l'arrivée des zouaves. Les habitants se
disaient libéraux, c'est-à-dire, dans ce pays-ci, ennemis
des prêtres, et les voilà maintenant sans autres secours
que ces prêtres et ces soldats du Pape qu'ils maudis-
saient auparavant. C'est le lieutenant de Résimont qui
commande ces quarante-six zouaves; dans un seul jour
ils ont enterré quatre-vingt-dix personnes. Il se passe
des choses vraiment incroyables : dès qu'une maison
contient un cholérique, les habitants la quittent et, la
plupart du temps, les parents abandonnent le malade à
lui-même. Un mari est venu chercher des zouaves pour
ensevelir sa femme; il n'osait en approcher. Bertrand
de Ferron est allé hier à Albano ; il y a vu un prêtre
qui venait d'une maison où il avait porté secours à
une jeune fille qui se mourait dans la même chambre
où étaient les cadavres de son père, de sa mère, de son
frère morts avant elle. »

12 août. — « Je suis allé hier à Albano avec le
lieutenant Joubert, et tu vois que je suis revenu

vivant. J'ai vu le cardinal Altieri qui venait de mourir. Nous avons prié près de son corps, qui n'était pas défiguré. Il avait, quelques heures auparavant, béni quelques zouaves qui étaient venus le voir et leur avait dit : « Continuez à faire votre devoir, je meurs victime du mien et je prierai pour vous. »

» Tout le monde ici fait l'éloge des nôtres. Les vieilles femmes nous disaient en nous voyant passer : *Dio vi benedica !* et les hommes se découvraient! J'ai vu l'hôpital, où il y a une quinzaine de cholériques soignés par quatre Sœurs que le Cardinal avait fait venir, et frictionnés par une dizaine de zouaves sous la direction du sergent Gaston de Villèle, un enfant de vingt ans. Le moral des zouaves est excellent, c'est ce qui les sauve, ils n'ont aucune peur. Il y en a un qui s'appelle Oremus. Il est très fort et se charge spécialement de descendre les corps dans les fosses. J'ai suivi dans une maison le sergent Serio qui allait voir une malade : elle n'avait que la peur du mal. Le sergent lui a dit qu'elle n'avait rien et elle a repris confiance ainsi que tous ses parents, que la peur rendait incapables de parler. Résimont, Serio, Tuccimei, Villèle, Desmiers et Trent sont remarquables par leur sang-froid et leur activité. La journée d'hier était bonne : on n'avait enterré que dix morts. Joli résultat, quand deux jours de suite on en avait enterré quatre-vingt-dix. Gastebois est arrivé le soir avec Morin et le reste de la compagnie. »

21 août.— « Je suis allé hier à Albano avec le général
Kanzler, le colonel Allet et le colonel de Charette. Le
général a distribué les croix que le Saint-Père a don-
nées à ceux qui se sont le plus dévoués. Nous étions
très émus. Nous sommes allés ensuite faire une visite
au malheureux roi de Naples, qui a perdu sa belle-mère
et un de ses jeunes frères. Ce pauvre roi est bien modes-
tement logé. De là à l'hôpital : un mort était enveloppé
de son suaire ; un pauvre petit enfant se mourait dans
les crampes en jetant des cris déchirants et en se cram-
ponnant aux mains de la bonne Sœur qui le soignait. Le
général a touché tous les malades. Puis il est venu à la
caserne visiter nos fiévreux. Quelle différence entre eux
et moi ! J'ai une bonne chambre, je suis bien vêtu, bien
nourri, tandis qu'ils sont mal couchés, mal couverts,
dans une salle commune ; ils ont bien plus de mérite,
et pour ceux-là la parole de JÉSUS CHRIST sera bien
vraie : « Les premiers seront les derniers. » Tu pourras
remercier DIEU qui nous a fait la grâce de nous garder
tous en bonne santé. C'est peut-être l'absence de peur
qui fait que si peu des nôtres sont morts. Il est certain
que j'aimerais mieux mourir d'une balle, mais le choléra est encore un bon genre de mort. On a le temps
de se préparer et on ne souffre pas longtemps. Prie
pour moi, bien-aimée sœur. Si DIEU enlevait l'un de
nous à notre père, toi seule serais assez courageuse
pour adoucir sa douleur en faisant taire la tienne.
Quelle admirable religion que celle qui console des

pertes irréparables en nous disant que nous nous reverrons un jour et pour l'éternité! Que ne devrait-on pas donner pour assurer le salut de ceux qu'on aime! Comme tu me connais bien!... Que ne puis-je traverser la vie près de toi, la main dans la tienne! la route serait plus douce et je ne me plaindrais pas de marcher trop lentement. Je pourrais bien le faire, mais il faudrait quitter le service du Pape; et si un jour j'apprenais qu'un combat a eu lieu, que mes amis sont morts sans que j'aie partagé leurs dangers, alors j'éprouverais un remords, un regret pour toute ma vie. »

Le choléra disparu, Emmanuel revint en France Les médecins l'obligèrent à aller aux eaux. Depuis qu'il avait contracté la fièvre paludéenne, il était toujours très souffrant en été. De fréquents et violents accès consumaient ses forces, mais n'abattaient en rien son énergie, et il ne se croyait pas pour cela dispensé du service. A ce moment même, il venait de faire, à son tour, deux mois de patrouille à la poursuite des brigands en passant vingt-six nuits à la belle étoile.

La perspective de la lutte, sans disparaître, semblait s'éloigner.

17 septembre. — « Garibaldi a fait fiasco à Genève; il y a été sifflé, mais il a promis de venir à Rome. Le voilà à Terni, pas bien loin. Il ne viendra pas ces jours-ci, je crois, mais ce n'est que partie remise à peu de

temps. Il ne peut rien seul ; il faut, pour qu'il tente un coup avec quelques chances de succès, qu'il soit appuyé par les têtes du parti de la gauche, Crispi, Nardini et autres canailles intelligentes du même bord. La révolution n'a aucun appui à Rome, on n'y soulèverait pas 300 Romains. Je ne veux prendre un congé que lorsque j'aurai toutes les chances de sécurité devant moi. Je ne veux pas, pour deux mois de bonheur, perdre le fruit d'une patience de sept ans et compromettre la tranquillité du reste de ma vie.

» Je ne me pardonnerais pas si, sans des raisons sérieuses, je manquais le dernier combat des zouaves. DIEU veuille que je n'attende pas trop longtemps ! »

25 septembre. — « Garibaldi est pris. Pour moi, j'en suis atterré, désolé. Je suis comme une montre dont le grand ressort est brisé. J'ai demandé au colonel à prendre un congé, il m'a dit qu'il fallait attendre le retour d'un de ceux qui sont partis. Le premier à revenir, Couëssin, ne doit venir qu'au 1er novembre. Malgré cela, j'espère demander mon congé le 15 et être en France pour la Toussaint... Je suis plongé dans le plus affreux marasme par cet imbécile de Garibaldi. Pour le Saint-Père, c'est peut-être heureux ; cependant il eût mieux valu qu'il se fît battre par nous que de se laisser prendre comme un renard. Tous les zouaves sont dans l'affliction, on croirait vraiment que nous avons perdu un ami... Le temps est charmant ici, mais je serai content de sentir le froid à Renaucourt et à Rotalier.

Nous ferons de bons feux..., tu me permettras de déjeuner dans ta petite chambre.. Ce qui est dur pour nous, c'est d'attendre le combat sans le voir prochain, sans espérance certaine de le voir venir. »

Moins de quinze jours plus tard son espérance était réalisée.

2 octobre.— « Cinq bandes garibaldiennes ont envahi la province de Viterbe. J'ai télégraphié à mon frère et à Fabry de revenir.»

9 octobre. — « Voilà Emmanuel arrivé cette nuit et partant ce soir pour Viterbe et Valentano Il s'est arrêté à Corrèze en venant ici et a passé deux jours à patrouiller contre les garibaldiens du côté de Nérola. Il les a vus, mais sans avoir le plaisir de se battre. Ce n'est que reculer pour mieux sauter, car ils vont se renforcer et attaquer en plusieurs endroits à la fois, du plein consentement du gouvernement de Florence et de celui de Paris. Quand les garibaldiens auront été battus partout, les Piémontais entreront pour sauver le Pape, resteront maîtres des provinces de Frosinone et de Viterbe, et ne s'arrêteront à Rome que si l'Empereur le veut. C'est ainsi qu'aura été exécutée la Convention du 15 septembre. Et des gens que vous regarderez comme honnêtes vous soutiendront que l'Empereur est un honnête homme ! Pour moi ce dernier acte de Judas lui attirera la malédiction de Dieu, et je ne m'en désole nullement. Ce qui est triste, c'est que la

France paiera peut-être bien cher sa complicité avec Napoléon et l'Italie. Depuis que les garibaldiens sont entrés sur le territoire, je vis véritablement, avant je végétais. Maintenant, je sens mon sang circuler dans mes veines, chaud et vif comme jamais il n'a été, je crois. Tous mes muscles sont à mes ordres et il me semble que je sauterais par-dessus une maison, tandis qu'il y a quinze jours, je traînais languissamment la patte le long des trottoirs. Emmanuel est fort heureux : demain soir il sera peut-être en plein feu. Il s'est confessé le 7, il est donc en bon état... N'ajoutez aucune foi aux nouvelles des journaux italiens, elles sont toutes fausses. Priez pour nos âmes, chères sœurs ; quant aux corps, le plus tôt qu'ils retourneront à la poussière sera le meilleur. Je suis tellement heureux et égoïste dans mon bonheur, que je ne puis pas m'arrêter à réfléchir à vos inquiétudes : c'est plus fort que moi. Si vous avez jamais souhaité mon bonheur, soyez sûres que je suis heureux maintenant. »

Ces lignes peignent bien un des côtés les plus saillants de cette vaillante nature. L'ardeur militaire qui l'avait possédé dès ses jeunes années trouvait enfin son heure. Il allait à la guerre comme à la seule fête de sa vie, à la mort comme à une fiancée pour laquelle il s'était gardé jusqu'à n'en pas vouloir d'autre. Toute sa ferveur religieuse, qui avait grandi dans ces dernières années, se concentrait pour ainsi dire dans le désir de voir DIEU, de s'abriter près de lui des orages et des dangers de l'âme, d'aller retrouver sa mère et attendre les siens dans cette paix dont il est dit qu'elle surpasse tout sentiment. Mais avant de la lui donner, DIEU voulait, en reprenant son frère avant lui, le faire passer par toutes les amertumes du deuil et de la séparation.

Les engagements se succédaient sans relâche à la frontière. En allant porter des fonds aux troupes, Adéodat se joignit à une colonne qui allait recueillir à Monte-Libretti les blessés du combat dans lequel les zouaves avaient tenté d'enlever à la baïonnette une ville fermée. Ils n'avaient pas réussi à enfoncer les portes, mais les garibaldiens effrayés avaient évacué la place pendant la nuit. La colonne y retrouva le lieutenant de Quélen mortellement blessé. De retour, Adéodat écrivait : « J'ai trouvé tes trois lettres en revenant à Rome. Ces pauvres lettres sont mauvaises, elles sont trop affectueuses et sans courage. Je ne les enverrai pas à Emmanuel, qu'il est inutile de faire pleurer... Si quelque chose arrivait à Emmanuel ou à moi, nous vous ferions télégraphier de suite toute la vérité. Allons, aie bon courage et prie pour nous. Le moment décisif approche. » Le même jour, dans son carnet : « Je me suis confessé ce soir et j'ai reçu l'absolution générale de toutes mes fautes. Priez pour moi, vous tous que j'ai tant aimés. » Ne semblait-il pas véritablement voir la mort venir ?

Le 19. — « Je viens de recevoir ta lettre toujours trop
affectueuse et surtout trop affectée. Du reste, je l'ai
à peine comprise. La situation est ici tellement grave
que les intérêts et les affections particulières dispa-
raissent. On oublierait qu'on a une autre famille que
ceux qui vous entourent et tomberont peut-être bientôt.
Il semble qu'on a pour père à défendre, à aimer, son
souverain ; et quand ce souverain est Pie IX, on ne peut
même plus s'imaginer que la mort d'un homme pour
lui puisse peiner ceux qui aiment cet homme ; il
semble qu'au contraire ceux-là devraient s'en réjouir.
Quand j'ai appris la mort de Guillemin, j'ai éprouvé
un premier sentiment de joie vive et sincère ; maintenant, je regrette l'ami et le camarade. Quand j'ai
trouvé Quélen blessé à Monte-Libretti, j'ai eu des
larmes dans les yeux en le voyant souffrir sans connaissance. Il est mort pendant que nous l'empor-
tions à Palombora, et sa mort m'a causé de la joie
pour lui, plus que je n'éprouvais de peine à perdre
encore un brave compagnon d'armes. Prie, chère
sœur, prie pour nos âmes, non pour nos corps. Je
suis indigne de mourir pour la sainte cause que je
sers. DIEU ne rappelle à Lui que les bons. Hier à
Nérola le colonel de Charette a battu les garibaldiens ;
il a eu son cheval tué sous lui, et a fait dix-huit
prisonniers. La tranquillité peut se faire ici d'un
moment à l'autre, comme aussi tout peut fondre à
la fois sur Rome et le Saint-Père ; mais DIEU lui

reste, et sa brave et petite armée saura faire tous les sacrifices. »

A l'heure où Adéodat écrivait cette lettre et s'identifiait tellement avec la cause du Saint-Père qu'il semblait se détacher de tout le reste, il ne se doutait pas que le jour même Emmanuel était aux prises avec l'ennemi et succombait sous le nombre. Il ne se doutait pas non plus que cet enthousiasme qu'il ressentait au moment du danger, se fondrait en un brûlant regret dès que Dieu lui demanderait une autre vie que la sienne. Ce frère, qui l'avait suivi dans sa vocation généreuse et qui l'appréciait jusqu'à le prendre pour modèle, malgré le rapprochement de leurs âges et la différence de leurs caractères, allait le précéder dans le sacrifice. Il irait au-devant de la mort et mourrait avec une si héroïque sérénité, qu'à l'affection qu'il avait toujours inspirée, allait se joindre une profonde admiration.

Depuis son retour, le 5 octobre, Emmanuel avait été engagé sur la frontière.

Le 11, il écrivait de Valentano : « Je viens de rejoindre ma compagnie et surtout ma section, qui s'est toujours conduite admirablement. Nous avons près de nous un fort corps de garibaldiens. Nous les attaquerons bientôt... Les zouaves ont toujours eu le dessus. Ne croyez pas aux nouvelles des journaux : il n'y a eu encore qu'un officier blessé, un zouave tué, cinq blessés, pas un prisonnier. Vingt-cinq soldats de la ligne avaient été faits prisonniers dans une reconnaissance. Le lendemain, ils ont été délivrés par les zouaves. Je vais admirablement. Depuis que je suis parti de France, je ne me suis pas encore reposé et n'ai eu qu'une bonne nuit à Rome dans un lit. J'ai des jambes d'acier et la conscience en bon état. Adieu, je vous embrasse tous, à bientôt. J'économise le papier (la feuille est ici partagée) pour écrire un mot à Adéo. Il rage de ne pas nous rejoindre, mais il viendra bientôt. Il est rajeuni de dix ans. »

Valentano, 14.—« Adéo espérait venir nous rejoindre. Il paraît qu'il ne l'a pas pu. Je te fais ici une petite carte de nos positions, de façon à ce que tu comprennes plus facilement nos évolutions. »

Cette carte était suivie du détail des marches des huit jours précédents. Mais elle est surtout l'itinéraire exact, marquant les étapes que, cinq jours après cette dernière lettre, Emmanuel devait suivre pour aller à la mort, et le lieu même où il devait tomber.

Le 19 octobre, une dépêche apprit à Adéodat que son frère venait d'être mortellement blessé à Farnèse. Il partit immédiatement, mais il arriva trop tard. « Je n'ai pu passer à Valentano qu'une heure à peine, écrit-il à son père, j'ai été rappelé à Rome par une dépêche. J'ai pu prier près de la bière de mon pauvre et saint Emmanuel. J'ai embrassé cette pauvre bière qui sera apportée ici demain par le Père de Gerlache... J'ai rapporté pour vous ses vêtements ensanglantés, son fourreau de sabre rouillé par son sang ; la lame en est restée aux mains des garibaldiens. Burdo m'a remis de ses cheveux et un carré de sa chemise couvert de sang, qui recouvrait la plaie mortelle de son cœur... Emmanuel est mort en saint et les soldats se sont disputé les morceaux ensanglantés de son linge. Priez pour moi, pour que j'imite dans le danger ce courage sans pareil. C'est le martyre, et le martyre c'est le Ciel ! Si les garibaldiens ont un succès, l'armée régulière entrera probablement à leur suite et Rome sera assiégée par eux. Nous sommes bien peu nombreux, mais il est impossible de lire dans nos regards un signe de découragement. Nos amis ont l'air si heureux ! »

Sur la demande d'Adéodat, le récit de la mort d'Emmanuel lui fut adressé par le capitaine de Couëssin, son chef, qui l'avait assisté jusqu'à la dernière heure :

24 octobre... « Le vendredi dans l'après-midi nous était arrivé le Père de Gerlache. Emmanuel était allé le trouver et lui avait fait une confession générale. Pendant la nuit il en parla à Burdo qui logeait avec lui. « Voilà l'expédition de Torre-Alfina qui se prépare, lui » dit-il, il est bon d'avoir la conscience en état, car la » besogne sera rude et il faudra que les officiers aillent » de l'avant. » Le samedi matin, il communiait à la messe du Père, à côté de moi et de plusieurs autres de nos camarades. A onze heures, il partait à la tête de

vingt zouaves avec le capitaine de ligne Sparacanna, qui avait une trentaine d'hommes, pour Farnèse où, d'après nos renseignements, nous croyions qu'il devait y avoir une soixantaine de garibaldiens. Moi je partais en même temps pour leur couper la retraite au Voltone. En passant à Ischia, ils apprirent que les garibaldiens devaient être trois cents à Farnèse et Emmanuel insista pour marcher quand même. Il prend la tête de la colonne avec ses hommes et, arrivés à un kilomètre de Farnèse, à un endroit où la route fait un coude, ils reçoivent tout à coup une décharge de coups de fusil partis d'une maison. Alors Emmanuel tire son sabre, fait le signe de la croix avec la lame en disant : « Au nom du Père, du Fils et du Saint-Esprit, en avant ! » (1) Au bout d'un instant, les avant-postes des garibaldiens sont refoulés et délogés d'une grande maison qu'ils occupaient à côté de la route, au coin d'une vigne, en avant et au-dessous du couvent des Capucins. Emmanuel fait faire halte dans cette maison pour se concerter sur ce qu'il y avait à faire ; mais bientôt ils voient une colonne de deux cents garibal-

1. « Un détail ajouté à ce tableau montre comment, en ce moment solennel, lorsqu'il allait jouer sa vie, le brave lieutenant était calme et gracieux tout à la fois : tirant lentement de sa poche ses gants d'uniforme, Emmanuel les mit avec soin, ajusta son képi et, enlevant son sabre du fourreau, il salua de la lame le détachement qu'il commandait : « C'est ici, mes enfants, dit-il, qu'il nous faut mourir ! *In nomine Patris et Filii et Spiritus Sancti*, En avant ! » — (*Rapport du R. P. de Gerlache à S. G. Mgr Tizzani, Grand-aumônier de l'armée pontificale*, Rome, 24 octobre 1867.)

diens au moins sortant de la ville et marchant sur eux.

» Il n'y a plus de temps à perdre, ils barricadent comme ils peuvent la porte de la maison et attendent de pied ferme. Malheureusement, la maison n'avait point de fenêtres du côté qui regarde vers Farnèse, en sorte que les garibaldiens pouvaient leur dissimuler une partie de leurs manœuvres. Une quarantaine des plus hardis arrivent donc, presque sans être vus, jusqu'auprès de la maison et l'entourent.

» Alors Emmanuel s'écrie : « Chassons-les à la baïonnette ! » et, en même temps, il coupe d'un coup de sabre une corde avec laquelle ils avaient attaché le haut d'une vieille porte qui formait la barricade. Malheureusement cette porte ne tombe qu'à moitié et juste assez pour donner passage à un homme. Ton frère se précipite le premier, sabre au poing, et frappe à la tête un garibaldien, si vigoureusement que sa lame casse en deux et lui échappe de la main ; une douzaine de ces misérables se jettent sur lui et le frappent de quatorze coups de baïonnette. Le caporal Beaubeau, qui était sorti le premier derrière lui, tombe aussi frappé d'un coup de feu au bras et de trois blessures à la poitrine.

» Cependant Ferdinand de Charette, du Chêne, de Jerphanion et quelques autres s'étaient précipités sur les garibaldiens qui, terrifiés de leur audace, battirent en retraite. Emmanuel avait eu encore assez

de force pour se relever et rentrer dans la maison. On
y trouva un matelas, sur lequel on l'étendit ; il était
souriant et ne poussait pas une plainte. « J'ai toutes
mes blessures par devant, » dit-il. Il parla quelques
instants à du Chêne, puis il voulut empêcher qu'on
s'occupât de lui, renvoyant les autres se battre et les
encourageant encore.

» Lorsque j'arrivai, deux heures plus tard, je le trouvai
là étendu, l'air rayonnant. Je l'embrassai. « Je suis couvert de blessures, dit-il, vous direz à mon frère qu'il peut
être content de moi. » Moi j'ajoute que tu dois en être
fier. Nous trouvâmes, près de la maison, une petite
charrette ; j'y fis placer des matelas, que Burdo était
allé chercher au couvent des Capucins, et nous le dépo-
sâmes là-dessus.

» Les garibaldiens étaient en pleine déroute ; ils nous
avaient laissés complètement maîtres du terrain qui
était couvert de leurs morts et de leurs blessés. Nous
les laissâmes là ; la nuit venait, et nous prîmes, avec les
nôtres, la route de Valentano.

» Le pauvre Emmanuel souffrait horriblement des
secousses de la voiture ; il faisait un temps épouvantable, je crus qu'il allait succomber en route. Je fis
arrêter et j'envoyai Burdo à Ischia pour faire préparer
un brancard. Le pauvre blessé ne proférait point de
plaintes, il nous disait de temps en temps : « Je sens
que je suis perdu, je ne pourrai même pas voir mon
frère ; j'aurais cependant bien aimé le voir avant de

mourir. Il ne pourra pas embrasser mon père et mes sœurs pour moi. »

» Au bout d'une heure le brancard arriva, et il put continuer la route avec moins de souffrances, porté ainsi sur les épaules des zouaves. Arrivés à Valentano, le médecin vint et examina ses blessures. Il en avait sept dans la poitrine et une à la tête. « Eh bien ! docteur, dit-il en souriant, combien d'heures puis-je encore vivre ? » Le docteur hésitait. « Vous pouvez me le dire, je vois bien que c'est fini, mais je n'ai pas peur de la mort. » Le pansement dura plus d'une heure et, pendant tout ce temps, il causait avec nous et ne poussait pas une plainte. Nous restâmes auprès de lui, Burdo, Derély et moi. De plus en plus, la respiration devenait difficile et nous étions obligés de le changer de position sans cesse. « Pardon de la peine que je vous donne, mes bons amis, nous disait-il, mais il n'y en a pas pour longtemps, je sens que je m'en vais ; mon frère n'arrivera pas à temps, cela lui fera de la peine. Vous lui direz que je me suis bien conduit et qu'ils peuvent tous être contents de moi. » Vers une heure je trouvai qu'il baissait, il souffrait davantage. Je retournai chercher le médecin, qui resta quelque temps près de lui et me dit, en sortant, qu'il ne croyait pas qu'il pût arriver jusqu'au jour. Alors Burdo lui demanda s'il ne serait pas heureux de recevoir les derniers sacrements. « Si, dit-il, cela me fera grand plaisir. Je n'ai pas peur, j'ai communié ce matin, mais

il vaut mieux avoir toutes ses affaires en règle. » J'allai
chercher l'archiprêtre, qui resta un instant seul avec
lui et nous dit ensuite qu'il allait lui apporter le Viatique. Le Saint Sacrement arriva. « Faites bien votre
sacrifice en union avec celui de Notre-Seigneur JÉSUS-
CHRIST, » lui dit l'archiprêtre. « Mon sacrifice est fait,
répondit-il, je meurs pour la religion, je suis content. »
— Pendant les prières de l'Extrême-Onction il répondit lui-même. L'archiprêtre lui donna ensuite la bénédiction papale. « Maintenant, dit-il, il ne me manque
plus rien, je puis m'en aller. » Il était très calme ;
j'allai me reposer un instant dans la chambre à
côté. Une heure après, Burdo vint m'appeler, en me
disant qu'il allait plus mal. Je revins près de lui.
Derély tenait sa main gauche à laquelle était sa bague.
« Ah ! dit-il tout à coup, ma bague est pour mon frère,
mon cœur sera pour ma famille, et je voudrais bien que
mon corps fût enterré à Saint-Laurent. Vous ferez cela
pour moi si vous le pouvez, mes bons amis ; je vous
donne bien de la peine, mais votre tour viendra peut-
être bientôt ; tout n'est pas fini, je regrette d'être tombé
si tôt, je ne pourrai plus me battre. Au revoir, nous
nous reverrons bientôt. » Il continua de nous parler
ainsi encore quelque temps. Il souffrait beaucoup. « O
mon DIEU, disait-il, comme j'ai de la peine à m'en
aller ! » Vers cinq heures nous vîmes bien que la fin
était proche, le pouls baissait. « C'est fini, nous dit-il
encore, au revoir, au revoir ! » Un chanoine appelé Dom

Rocchi, qui était venu là, commença les prières des agonisants et lui appliqua encore les indulgences de la bonne mort. A six heures il rendait tranquillement et sans secousse son âme à DIEU, un bras passé au cou de Burdo, Martini et moi le soutenant de l'autre côté (1). »

Un journal de Belgique, la *Croix*, publiait plus tard, en 1874, le récit d'un autre témoin, M. Henri Derély. Malgré des répétitions, nous aimons à en citer quelques pages.

« Le 21 octobre 1867, dans l'église en deuil de Valentano, un service funèbre avait lieu. Les habitants, mêlés aux défenseurs de la place, entouraient à genoux le cercueil d'un soldat ; tous les visages exprimaient un même sentiment fait de regrets et d'admiration, et, de tous les cœurs, la prière montait indécise

---

1. « Vers trois heures du matin, l'hémorragie recommença. On lui demanda s'il ne désirait pas voir un prêtre. « J'en serais très heureux, répondit-il, faites-le entrer ; je sais bien qu'il est ici à côté... » Quand on lui apporta le saint Viatique, il voulut se soulever pour recevoir son DIEU. Nous dûmes l'en empêcher... Après l'Extrême-Onction, il parla moins ; il semblait avoir dirigé toutes ses pensées vers le Ciel. « Y a-t-il de la lumière dans la chambre ? fit-il vers le matin. — Oui, mon ami. — Eh bien, je ne la vois plus. Ce sera bientôt fini. » Il se tut. Le sang s'échappait de la blessure du côté, son regard devenait plus fixe. Son bras, passé autour de mon cou, eut un tremblement qui se communiqua bientôt à tout le corps. La mort venait. Le tremblement s'affaiblit et devint saccadé. A droite, un de nos camarades lui répétait, de tout près, les noms de JÉSUS, Marie, Joseph. Il y eut encore dans le bras un petit mouvement de va-et-vient, puis ce bras retomba inanimé. C'était fini. »

(Relation écrite en 1868 par M. Charles Burdo.)

du chemin qu'elle allait prendre : fallait-il intercéder
pour cette âme ? fallait-il l'invoquer ? Le Saint Sacrifice terminé, le cortège se dirigea vers la porte
Romaine, près de laquelle il fit halte ; le piquet d'honneur, en tenue de route et les armes chargées, détacha
une avant-garde pour assurer sa marche à travers
ce pays infesté par les bandes garibaldiennes, et le
corps, accompagné de sa seule escorte, sortit salué
par les regards humides et les fronts nus de la foule.
Les quarante hommes du détachement appartenaient
à la compagnie du mort, un rayon de joie fière
éclairait leur tristesse : ils allaient une dernière fois
faire étape avec leur chef et conduire sur le chemin de
Rome, en dehors du terrain de la lutte, cette chère et
glorieuse dépouille qu'ils devaient abandonner le soir
pour retourner à l'ennemi. Derrière eux, les portes de
Valentano se refermèrent, et on eût dit, à voir l'émotion générale, qu'en perdant ce cadavre, la ville eût
perdu sa sauvegarde.

» D'où naissait donc cette douleur unanime qui faisait
oublier au peuple les terreurs de la veille et les inquiétudes du lendemain, à la troupe ses fatigues et ses
dangers ? C'est que l'âme humaine est passionnément
avide du beau, et que nul n'a été plus beau qu'Emmanuel Dufournel dans sa bravoure en face de l'ennemi
dans sa mansuétude en face de la mort.

» Nous ne dirons pas ici les péripéties du combat de
Farnèse ; comment le chevaleresque officier de zouaves

saluant de l'épée ceux qu'il commandait, les enleva par ce mot sublime : « Au nom du Père et du Fils et du Saint-Esprit, en avant ! » comment plus tard, acculé sous une voûte avec quinze hommes, il résolut de déconcerter l'assaillant par son audace et se jeta l'épée haute sur un mur de baïonnettes, rappelant l'exemple d'Eléazar, le frère de Machabée, qui « se dévoua pour sauver les siens et s'acquérir un renom immortel. » Contentons-nous de répéter avec Bossuet : « Il y a des occasions où la gloire de mourir courageu-
» sement vaut mieux que la victoire. La gloire soutient
» la guerre. Ceux qui savent courir pour leur pays à
» une mort assurée, laissent une réputation de
» valeur qui étonne l'ennemi, et, par ce moyen, ils
» sont plus utiles que s'ils demeuraient en vie. »
Vérité désapprise, dont la campagne de 1867 a toujours fourni la preuve : l'invraisemblable assaut de Monte-Libretti a fait en partie le succès de Nérola, en immobilisant dans la peur les 3.000 hommes de Menotti ; le généreux élan de Dufournel, secondé par par ses hommes, a dégagé la position sur l'heure, et permis, huit jours après, au détachement perdu de Bagnoréa, de se replier sans être inquiété, protégé par le prestige de Farnèse.

» Cependant, ce n'est pas Dufournel combattant qui domine nos souvenirs, c'est Dufournel mourant......
» ... Le jour baissait quand la colonne qui avait atta-
qué Farnèse, reprit le chemin de Valentano. Le

trajet, d'environ sept milles, fut long et pénible :
l'obscurité s'était rapidement épaissie, la pluie tombait
drue, fouettant aux yeux les porteurs de la civière où
gisait Emmanuel ; le sol glissant et raviné se dérobait
sous leurs pieds, et les hésitations de leur marche
secouaient si cruellement le blessé, qu'à chaque instant
on était obligé d'arrêter pour calmer des suffocations
inquiétantes. Enfin on arriva au terme de la voie dou-
loureuse, après trois heures de ce supplice (1).

» Quand on le déposa dans sa chambre, persuadé que
l'agonie était proche et serait courte, Emmanuel mani-
festa le désir de rester en tenue, afin que la mort le
prît dans son uniforme empourpré de sang. Mais ses
amis, qui ne voulaient pas se résoudre à le croire perdu,
l'en dissuadèrent. Lui, cependant, se faisait indiquer ses
quatorze blessures, dont quelques-unes étaient larges et
profondes à décourager tout espoir ; sa physionomie
exprimait une satisfaction qui grandissait avec leur
nombre, et quand le compte en fut achevé, il répéta ce

---

1. « Notre colonne eut à subir à son retour de Farnèse un épouvantable
orage. En un clin d'œil la route fut coupée de ruisseaux et la nuit devint
noire à empêcher de voir à deux pas devant soi. Je suivais immédiatement la civière où gisait notre pauvre camarade, et je tremblais, à chaque
instant, que les porteurs ne vinssent à manquer du pied et à le précipiter
à terre. Heureusement ce supplice lui fut épargné et le blessé en fut
quitte pour des cahots dont je ne l'entendis pas une seule fois se plaindre.
..... Le praticien qui donna des soins à Dufournel avait la main lourde,
et le patient, bien qu'il se contentât de serrer les dents, dut rudement
souffrir, surtout quand la sonde pénétra dans la plaie profonde qui lui
perforait le côté gauche. »

(Lettre du comte Martini.)

cri de légitime fierté : « Toutes par devant ! » — puis, se rappelant le coup de crosse qui lui meurtrissait le front, il ajouta : « Les lâches ! ils m'ont frappé à terre ! » Ce fut sa seule plainte.

» Emmanuel vint en aide à l'inexpérience de ses compagnons qui, sous la direction du médecin, procédaient au pansement. Quand on eut arrêté l'effusion du sang, il se remit à espérer que son dernier souhait serait exaucé et qu'il reverrait son frère Adéodat, prévenu par télégramme ; mais il n'osait se le promettre, et pour désillusionner ceux qui lui parlaient de guérison, de vie et de combats nouveaux, il leur fit remarquer le sifflement qui s'échappait de son côté ouvert : « Preuve évidente — dit-il — que le poumon est traversé et qu'il n'y a plus de remède. » Du reste sa patience ne se démentit pas un instant ; c'était une acceptation joyeuse, conforme à sa vaillante nature, un consentement tel au bon plaisir de DIEU, qu'il s'oubliait pour être aux autres. Tous ceux qui l'approchèrent eurent de lui soit un mot gracieux, soit un sourire. Cette liberté d'esprit dont on s'étonnait, procédait de l'absolue tranquillité de son âme. Il ne se méprenait pas sur la gravité de son état ; mais, purifié la veille par une confession générale, nourri le matin du Pain des forts il s'était offert, DIEU l'avait accepté. Tout n'était-il pas bien, et, suivant une de ses paroles, devait-il s'effrayer d'un jugement dans lequel « il aurait pour Juge celui à qui il venait de sacrifier sa vie ? »

» Aussi quelle paix durant toute la nuit qu'il passa sans repos, appuyé sur les épaules de deux amis, conversant et priant avec eux quand le permettaient les oppressions de plus en plus fréquentes et longues à mesure qu'approchait la fin ! Il faudrait tout citer, tout raconter, car il n'y a pas un mot, pas un détail qui ne justifie et ne complète ce que nous avons dit des caractères particuliers de cette mort (1) : — adieux qui n'oublient personne, s'en vont au loin vers ceux de France, font le tour des amis présents et semblent

1. « Depuis son retour, Emmanuel partageait avec moi la petite provision de tabac qu'il avait rapportée de France. Nous en étions économes, car dans ces régions écartées il eût été difficile de la renouveler, et les fumeurs de cigarettes se trouvaient réduits à hacher des cigares quelconques. En me voyant à son chevet, cette pensée lui revint et il me dit : « Tu as de la chance, mon tabac te durera une fois plus longtemps. » Un peu après, comme Burdo lui montrait son porte-monnaie déchiré, sur lequel s'était arrêté un quinzième coup de baïonnette qui avait troué le côté gauche de sa veste, il murmura en souriant : « Voilà ce que c'est que d'avoir de l'argent bien placé. » A la nouvelle du succès de Nérola où, disait la dépêche, M. de Charette avait eu son cheval tué sous lui, il conclut aussitôt que, de notre côté, il n'y avait pas mort d'homme, puisqu'on nous signalait la perte d'un cheval. Pendant les dernières prières auxquelles, faute de livre, nous ne pûmes guère nous associer que par le cœur, une voix étrangère, dénaturée par les larmes, alternait presque seule avec celle du prêtre. Emmanuel la reconnut et quand ce fut fini : « Ne te désole donc pas comme cela, mon pauvre P..., dit-il, te voilà maître désormais d'accommoder les anguilles comme tu voudras. » P... était un brave homme du pays chez qui nous prenions nos repas, et qui s'était montré réfractaire aux conseils d'Emmanuel pour la confection d'une matelote. — Ces détails familiers, ces mots si naturels, et en un pareil moment si inattendus, n'altèrent point l'idéale beauté de cette mort ; ils achèvent de mettre en lumière ce qui la caractérise : la simplicité dans l'héroïsme, et à ce titre ils méritent d'être conservés. »

(Lettre de M. Henri Derély.)

avoir pour eux la signification d'un au revoir à court délai ; — recommandations de tout genre, où le cœur se répand, et parmi elles le choix du cimetière où il veut reposer à Rome, l'envoi de son cœur au pays natal, des remerciements au caporal Beaubeau, blessé grièvement en voulant lui faire un rempart de son corps ; — distribution de souvenirs d'après un testament ébauché la veille au milieu des rires et confirmé à cette heure grave avec le plus aimable enjouement ! — puis c'est un éclair de joie quand on lui rapporte son revolver retrouvé sur le corps d'un garibaldien tué ; — ce sont des paroles de reconnaissance vers Dieu qui lui fait l'honneur et la grâce d'une telle mort ; — et, mêlée à tout cela, la joie d'attendre son frère, la crainte de n'être plus là, le calcul du temps qu'il faut pour venir de Rome et du temps qui lui reste à vivre...

» ... Il y avait encore la matière d'un renoncement dans ce cœur immolé : quand arriva la nouvelle du succès de Nérola, le mourant se sentit revivre, et, jetant sur l'avenir, qui s'annonçait plein de luttes et de triomphes, un regard ébloui, il eut la pensée de se reprendre pour se redonner, la tentation de vivre pour combattre encore et recommencer sa mort ; tombé au début de la campagne, il envia ceux qui devaient tomber les derniers ; mais ce ne fut là qu'un trouble passager...

» ..... Cependant, la respiration devenait plus embarrassée ; il fallait à tout instant changer la position du blessé, dont la faiblesse était si grande, qu'en voulant le soulager, on craignait de provoquer une syncope. Il parlait moins et difficilement ; toute son âme s'était réfugiée dans ses yeux qui étaient encore pleins de vie. Autour de lui, on se taisait pour éviter de le fatiguer et de le distraire. La pâleur et le refroidissement progressif annoncèrent bientôt que la vie diminuait ; toutefois, Emmanuel restait en communion avec ses amis, qui commencèrent à lui suggérer des invocations pieuses et à prier tout haut à son oreille ; sa participation, manifestée d'abord par des signes de tête et des mouvements de lèvres, se traduisit dans les derniers moments par des pressions de main de moins en moins sensibles, et vers six heures du matin son âme remonta vers Dieu tout étincelante du sang de son martyre mêlé au sang de Jésus-Christ.

» Ainsi mourut d'un acte de charité envers l'Eglise ce soldat qui confessa, par sa tranquillité devant la mort, mieux qu'il ne l'aurait pu faire en d'ardentes paroles, sa foi à la vie éternelle et son espérance basée sur la fidélité de Dieu.

» Le soir de ce même jour, le capitaine Adéodat Dufournel se fit raconter ce qu'on vient de lire ; puis il se prosterna la face contre le cercueil qui garde pour la résurrection les restes mortels d'Emmanuel ; quand il se releva, il avait au front le reflet d'une résolution magnifique. — Dix jours après, il tombait frappé à mort. »

Le 22 octobre, à midi, Adéodat rentra à Rome. Le soir même, à la tombée de la nuit, les garibaldiens faisaient sauter la caserne Serristori. Une trentaine de zouaves restaient sous les décombres ; heureusement une compganie entière était sortie quelques instants avant. Adéodat y passa la nuit. Le lendemain 23, il écrivait : « Le corps de mon frère arrive à 9 heures à la porte du Peuple, escorté par Elliot et suivi du Père de Gerlache, de Ferdinand de Charette, de Mrs de Simony et de Kergariou. Nous portons le cœur au Gesù. »

Ce sont les dernières lignes de ce journal. A partir de cette date il n'a plus, sûrement, trouvé un instant pour l'ouvrir. Mais le 28 il écrivait à sa sœur :

« Le 23 une bande de garibaldiens est venue se faire battre près de la porte du Peuple. Le 24, j'ai assisté à une longue patrouille faite contre cette bande. Elle n'a servi qu'à faire quatre prisonniers et constater la mort de Cairoli, aide de camp de Garibaldi. Le 25, révolution dans Rome ; quinze garibaldiens ont été tués dans une maison de la Lungaretta et trente ont été faits prisonniers.

» Le 26 nous partions pour Monte-Rotondo, où deux compagnies de la Légion et une de carabiniers étaient assiégées par les garibaldiens. Nous sommes arrivés trop tard et n'avons pu les délivrer ; nous sommes revenus en toute hâte à Rome de peur que Garibaldi ne nous y précédât. L'état de siège a été proclamé ici, on jette de temps en temps des bombes dans les rues, les officiers ont défense de demeurer chez eux ; voilà huit jours que je n'ai dormi que deux ou trois heures par nuit ; du 25 au 27, j'ai dormi une heure. Hier soir je suis venu camper sur la place Saint-Pierre avec le colonel et deux compagnies : nous croyions que Rome serait attaquée cette nuit ; elle a été tranquille sauf quelques bombes. Tu vois, bien-aimée sœur, que j'ai eu à peine le temps d'écrire ces quelques lignes chez un marchand de vin où je viens de manger quelque chose, je ne sais quoi. Malgré cela, ma santé est bonne.

» Les garibaldiens sont un ramassis de gens sans courage, mais doublés depuis quelques jours de bersagliers piémontais. Un jeune homme qui vient d'arriver au bataillon a logé à Florence au-dessus d'un bureau d'engagement pour Garibaldi ; il a vu, en plein jour, des bersagliers venir s'engager, laisser leurs vestes et sortir en chemises rouges et pantalons de bersagliers. Nulle infamie ne manque à la honte de l'Italie. La caserne Serristori a été minée par le Comité romain.

» Et maintenant tu comprendras mes sentiments pour ces gens à idées libérales qui ont soutenu cette idée injuste de l'unité de l'Italie ; il me semble voir sur eux le sang de mon frère. Que ce sang me purifie et me rende digne de lui ! Nous avons maintenant un saint dans la famille, nous le pouvons prier, il a eu le martyre.

» Embrasse mon bon père et prie pour moi. Je suis entré dans la Lungaretta, dans cette maison pleine d'insurgés, pendant qu'ils tombaient sous les coups des zouaves ; j'ai appuyé mon pistolet sur le front d'un garibaldien, mais la pensée de mon frère m'a arrêté, j'ai repoussé cet homme ; j'ai vraiment marché dans le sang ce jour-là. Adieu, je t'embrasse de tout mon cœur et je t'écrirai quand je pourrai. Notre vie est si occupée depuis quelques jours, que je perds par instants la mémoire du passé. J'oublie qu'Emmanuel n'est plus, je pense tout à coup que je vais le voir arriver de Viterbe ; puis la réalité revient, mais il prie pour moi. »

Sûrement, pour ceux qui ont bien connu Adéodat, la fin de cette lettre, ce mouvement de pardon sortant de la pensée même de son frère tué par ces mêmes garibaldiens, et, au milieu des horreurs de la lutte, des casernes minées sous les soldats, de cette affreuse guerre de rues dont il devait, si tôt, tomber lui-même victime, cette pitié dominant tout, — semblent marquer le degré où cette âme atteignait l'héroïsme de la charité et où ce soldat du CHRIST n'avait peut-être plus qu'à mourir.

Le 30 octobre, vers sept heures du matin, le Père de Gerlache passait sur la place du Vatican, allant célébrer la messe à la Confession de Saint-Pierre à l'intention des soldats qui lui étaient confiés. Il rencontra Adéodat qui avait passé la nuit sur pied, à surveiller les postes du quartier, et qui voulut l'accompagner. Quand, après la messe, le Père de Gerlache se retourna pour quitter l'autel, Adéodat était prosterné la face contre terre, et quand il se releva, le Père, frappé du rayonnement de son visage, ne put s'empêcher d'en faire la remarque. « Oui, mon Père, répondit-il, j'ai demandé à la Sainte Vierge la grâce de mourir pour l'Église. » Cette grâce, qu'il désirait depuis tant d'années, il venait de la demander au lieu même du martyre du premier Pape, sous cette chaire de Saint-Pierre à laquelle il brûlait de donner, lui aussi, le témoignage du sang. Il n'aurait plus à renouveler cette prière, son vœu allait être exaucé.

Le même jour le capitaine de Couëssin arrivait de Valentano. « Une de mes premières pensées, écrit-il, fut pour Adéodat. Je me rendis vers le soir sur la place Saint-Pierre, je savais qu'il était de service au Vatican avec plusieurs de nos compagnies. Je le trouvai très triste et très affecté. Il me parla des inquiétudes que lui donnait son père dont il n'avait pas de nouvelles : il redoutait beaucoup l'impression que lui aurait causée la mort d'Emmanuel. Il était très occupé par le service en ce moment-là ; nous convînmes de nous retrouver une heure plus tard pour causer à l'aise dans un petit restaurant isolé près de là. Il faisait à peu près nuit. Le colonel Allet arriva et donna l'ordre à Adéodat de prendre avec lui un certain nombre de zouaves pour aller faire une reconnaissance dans les jardins d'une villa qui se trouvait du côté de la Longara. Un quart d'heure après son départ, nous entendîmes des coups de fusils de ce côté. Le colonel m'ordonna aussitôt d'aller chercher ma compagnie, qui était logée de l'autre côté du pont Saint-Ange. J'y courus, et en revenant avec elle sur la place Saint-Pierre, je trouvai le capitaine Heffner qui me dit qu'Adéodat avait été blessé. »

Un de ceux qui, sur l'ordre du colonel, étaient partis avec Adéodat, M. de Clisson, était à ses côtés quand il tomba.

« Je me trouvais, écrit-il, sur la place Saint-Pierre avec quarante hommes de ma compagnie, lorsque M. Dufournel vint et dit à M. Ledieu, notre lieutenant : « Rassemblez vos hommes, nous allons aller tout près d'ici voir une villa où l'on prétend qu'il y a des garibaldiens. » Il nous fit diviser en bandes de huit hommes, conduite chacune par un gradé chargé de les placer autour de la maison et de diriger le feu. Il était cinq heures et demie environ et la nuit était déjà descendue. Nous eûmes bientôt atteint la porte de la villa que nous devions visiter. A peine le premier groupe avait-il gravi les deux ou trois marches de l'entrée, que des hommes se précipitèrent pour sortir du jardin. M. Dufournel ordonna de les arrêter, et au même instant on commença à tirer sur nous des fenêtres. M. Dufournel s'élança en nous criant : En avant ! et c'est à ce moment qu'il fut atteint par une balle. Je commandais le second groupe ; voyant quelqu'un tomber, j'étendis les bras et ce n'est qu'alors que je reconnus celui que j'avais dans mes bras. Aidé d'un homme de ma compagnie, je le transportai dans la rue et, m'étant assis par terre, je l'appuyai sur mes genoux. Il ouvrit alors les yeux qu'il avait fermés un moment et me dit en me pressant la main : « C'est fini, je suis mort... » Je voulais l'empêcher de parler, j'entendais le sang qui peu à peu emplissait sa poitrine, de grosses gouttes de sueur couvraient son front ; je l'embrassai en les essuyant, il me pressait la main avec reconnaissance. Il avait envoyé chercher un prêtre pour lui donner l'absolution ; voyant qu'il ne venait pas, je lui offris de réciter quelques prières. Il accepta et répéta les prières que je lui suggérais, en me serrant de temps en temps la main pour me faire recommencer les passages qu'il goûtait le plus. Voyant qu'il s'affaissait un peu, je lui demandai s'il n'avait pas quelque désir à me communiquer ; il me dit alors qu'il donnait sa bague à son père, à sa sœur des objets ayant appartenu à sa mère, son scapulaire à Parcevaux. Nous dîmes encore quelques prières et, le brancard étant arrivé, je l'y déposai moi-même avec son sabre qu'il voulut garder près de lui, je l'embrassai et lui dis en pleurant un dernier adieu. »

« La tranquillité étant rétablie, écrit encore M. de Couëssin, je demandai au colonel la permission d'aller à l'hôpital près d'Adéodat. En arrivant, je trouvai le docteur Vincenti en train de faire un premier pansement. « C'est très grave, me dit-il, la poitrine est traversée et le poumon atteint. Il faut appeler l'aumônier. » J'entrai un instant dans la chambre, je lui pris la main et l'embrassai. Il me sourit en disant : « C'est fini, tu sais que j'ai toujours désiré mourir. » Nous avions longtemps demeuré ensemble et très souvent il m'avait dit que la plus grande grâce que Dieu pourrait lui envoyer serait celle de mourir d'une balle en combattant pour la cause du Pape. Il y a un an, lors de l'affaire de Monte-Lupino, je lui disais le soir qu'il s'était trop exposé; il me répondit : « Ah! il paraît que les balles ne sont pas faites pour nous. Nous n'en sommes pas dignes, mon pauvre ami, celui qui est mort là est le privilégié de la Providence. » Je lui dis que j'allais chercher l'abbé Daniel. « Je suis déjà confessé, me dit-il, mais c'est égal, je serai bien aise de le voir. » L'aumônier vint et lui donna l'Extrême-Onction; il suivait et répondait aux prières lui-même, et avait une figure souriante et heureuse au milieu de la souffrance. Ces cérémonies l'avaient un peu fatigué, beaucoup de ses amis étaient venus prendre de ses nouvelles, le docteur ordonna un repos absolu. L'abbé Daniel, le lieutenant-colonel de Charette et moi restâmes près de lui. Il passa la nuit avec calme, quoique souffrant beaucoup. Plusieurs fois je l'entendis dire : « Mon pauvre père est plus à plaindre que moi. Mon Dieu! je vous offre mes souffrances pour lui. » Je

lui dis une fois : « Ton père viendra, tu guériras. — Ah !
dit-il, il n'aura pas le temps, et puis cela lui ferait trop
de peine. Je voudrais bien cependant embrasser ma
sœur Marie. » Il avait remarqué que pendant la nuit
nous avions écrit dans sa chambre. Le matin il me demanda : « Avez-vous écrit à mon père ? » Je lui répondis
que l'aumônier avait écrit à sa sœur. « Ah ! mon Dieu !
dit-il, la pauvre Marie!» Ce furent les dernières paroles
que j'entendis de sa bouche. Il était 7 heures du matin,
je devais sortir, le Père de Gerlache et M. de Parcevaux
restèrent près de lui. Je revins dans la journée, le
docteur avait défendu de le laisser parler. Il avait
toujours la même figure, presque souriante ; on eût
dit qu'il goûtait déjà le bonheur d'En haut. Je ne fis
que lui serrer la main en me mettant un doigt sur la
bouche. Ce fut mon dernier adieu. Le lendemain je
partais pour Mentana, et lorsque je rentrai à Rome le
pauvre garçon était parti pour aller au Ciel.»

L'abbé Daniel écrivit aussi pour la famille d'Adéodat
un récit de ses visites à l'hôpital. « J'arrivai quand il
avait reçu déjà les premiers soins des médecins. Le
premier il rompit le silence et il me dit : « Ma petite
sœur Marie ! » Je ne dis rien. Un instant après, il
me regarda avec un sourire d'un immense contentement et il me dit : « Eh bien! nous y sommes donc! »
Je lui dis : « Offrez votre vie pour l'Eglise. » Il reprit la
parole et dit : « Pour le Pape, pour la cause que nous

servons ! » J'ajoutai : « pour votre famille, » et il me serra la main tendrement. Un peu plus tard le colonel arriva, je le lui fis observer. Le colonel lui dit : « Prenez courage, votre blessure n'est pas désespérée. » Il répondit : « Ah mon colonel, ce n'est pas un désespoir... au contraire! » Le lieutenant-colonel vint aussi; avant de se présenter, il fit des efforts pour déguiser son émotion, mais les larmes le trahirent. Dufournel lui tendit la main, sourit et lui dit : « Ah! il ne faut pas pleurer ! » Je restai avec lui, je le confessai, ce qu'il fit avec une grande foi. Il avait déjà communié le matin... il pensait mourir dans la nuit même... Il souffrait beaucoup et je n'oublierai jamais cette belle figure tirée en sens divers par la souffrance et par le sourire. Quelquefois il aurait voulu remuer, mais il retombait en disant en souriant : « C'est impossible, j'ai les reins cassés.» Quelquefois il se reprochait de souffrir avec si peu de courage. « Ah! c'est honteux pour un zouave ! » Il était heureux de mourir et ne pouvait le dissimuler. Si je voulais le rattacher à la vie par la pensée du bien qu'il pouvait nous faire encore, il me répondait : « Oh ! non ! la vie est si pleine de dangers ! C'est si difficile ! Il faut si peu pour un moment de faiblesse ! Puisque maintenant je me sens fort, pourquoi ne voulez-vous pas me laisser le désir de mourir ? Vous ne perdez pas grand'chose et moi je gagne tout. » Dans un moment où il souffrait davantage je lui dis : « Vous souffrez bien ? » Il me répondit : « Pour le moment ça tire bien un peu fort, mais dans quelques heures je serai bien heureux...» puis, m'attirant près de lui, il me dit : « Ah! vous demanderez pardon à Marie ; mais, écoutez, je suis content de mourir. »

» Le général ministre des armes vint le voir. Il en fut très touché et lui dit : « Au milieu de tant de choses, vous avez pensé à moi ! Merci, mais vous n'avez point de temps, il ne faut pas rester. Adieu, mon général, merci. »

» Le 1er novembre, je revins près de lui. Ses blessures étaient devenues plus douloureuses encore. « Je n'aurais jamais cru que cela eût duré si longtemps, me dit-il. Le bon DIEU me fait payer mes dettes. Je ne puis plus maintenant que souffrir pour l'Église. Il faut au moins le faire courageusement. » Il ajouta : « Vous prierez pour mon frère et pour moi!... » L'ordre de départ pour Mentana ne me permit pas d'assister à ses derniers moments. »

Le télégraphe n'envoyait plus de dépêches en France. Adéodat comprenait que son père et sa sœur arrriveraient trop tard. Il aurait voulu leur envoyer un dernier adieu. « Votre fils, votre admirable enfant, écrivait Mgr du Cosquer à M. Dufournel, voulait ce soir vous écrire lui-même. J'ai pris sur moi d'arrêter sa main. Vous me pardonnerez, j'ai fait ce qu'aurait fait sa mère. Il a besoin d'un repos absolu...

Cette belle âme que je connais depuis longtemps, a encore grandi dans cette épreuve... Monsieur, il faut être bien fier et bien reconnaissant d'avoir reçu de Dieu de tels enfants, et ne pas s'étonner que le Ciel les réclame, en les trouvant si vite mûrs pour lui. » Mais on n'avait pas pu l'empêcher de dicter quelques lignes et, de sa main défaillante, de les signer de ce cher nom d'Adéo, le seul qu'on lui donnât dans sa famille.

Une incomparable amie, Mme la générale Kanzler, venait le voir souvent, et il lui en témoignait sa reconnaissance avec une délicatesse qui ne l'abandonnait pas. Il redoutait pour elle, si assidue pourtant auprès des blessés, les dégoûts de l'hôpital, et, malgré son bonheur de la voir, il insistait pour qu'elle ne séjournât pas dans sa chambre.

Le Père de Gerlache lui apportait tous les secours de la plus ardente piété : « Quand j'arrivai le lendemain près du malade, écrit-il, tout espoir n'était pas perdu. Cependant l'omoplate droite était fracturée en plusieurs morceaux, l'épine dorsale atteinte et l'épaule gauche, par où la balle avait été extraite, légèrement fracturée. Comme les douleurs étaient grandes, je lui proposai la dévotion à la Sainte Épaule de N.-S. Jésus-Christ telle qu'elle fut révélée à sainte Brigitte, et avant elle à saint Bernard. Aussitôt ses yeux brillèrent, serrant ma main qu'il porta à ses lèvres : « Merci, mon Père, » dit-il.

» On pratiqua trois saignées dans le courant de la journée. « Les saignées, disait-il, guériront mes blessures,
peut-être, si l'épine dorsale n'est pas atteinte, mais
développeront une fièvre nerveuse qui m'emportera. »
L'événement justifia son pressentiment. Le médecin
avait ordonné des fortifiants pour lutter contre la faiblesse produite par la perte du sang, mais tout potage,
consommé ou cordial, répugnait au malade ; il refusait
obstinément d'en accepter et demandait de la limonade.
J'appris par ses compagnons que jamais il ne prenait
de potage : c'était une répugnance datant de l'enfance.
La Sœur était désolée de ce refus et me demanda d'en
parler. « Capitaine, lui dis-je, le Seigneur souffrit beaucoup de la soif pendant sa Passion ; unissez-vous
encore à cette souffrance, acceptez une boisson qui
vous déplaît, et cet acte de vertu vous désaltérera pour
la vie éternelle. » Aussitôt, M. Dufournel fit un vif mouvement d'acquiescement, accepta quelques gorgées de
bouillon, et depuis lors, toutes les fois qu'on lui offrit
à boire, il donna la préférence au bouillon.

» Le jour de la Toussaint, il se confessa avec de grands
sentiments de foi, et le lendemain, 2 novembre, il reçut
la sainte Communion pour l'âme de son frère.

» Cependant la marche de la maladie était telle qu'il
l'avait prévue ; aux douleurs des pansements, qui
étaient cruelles, vint se joindre une forte fièvre qui
ruina les dernières ressources du malade. Les Sœurs
de Charité, les deux zouaves qui l'assistaient, ne

pouvaient se lasser d'admirer cette sérénité, ce calme parfait, cette union à DIEU, ce désir du Ciel...

» La société romaine s'était émue en apprenant qu'elle était menacée de le perdre ; officiers et soldats se pressaient à la porte de sa chambre pour prendre de ses nouvelles : lui seul paraissait heureux au milieu de la douleur générale... L'exquise tendresse de son cœur se montra cependant, lorsque l'arrivée des blessés lui fit comprendre combien de sang nous avait coûté la victoire de Mentana...

» La nuit suivante fut mauvaise, les forces diminuaient et le délire était devenu presque constant. Tantôt notre cher malade se préoccupait du retour du corps de son frère, tantôt son imagination était frappée des scènes de la triste nuit du 23 octobre. « Mon Père, s'écriait-il en me serrant convulsivement la main, mon Père, croyez-vous que j'aie toujours fait mon devoir..., croyez-vous que j'aie bien visité tous les postes?..» Puis la fièvre revenait, suivie d'une grande prostration des forces.

» Nous espérions tous le conserver jusqu'au lendemain quand, vers quatre heures et demie, le docteur Ceccarelli vint le voir et trouva la respiration gênée. Il me prit à part et me dit de passer la nuit dans la chambre, car ce serait la dernière.

» Je saisis alors un moment de calme pour demander au cher malade s'il ne voulait pas profiter de la faculté que le Saint-Père lui avait accordée de communier trois fois par semaine sans être à jeun. « Bien, bien, dit-il, je communierai demain matin, confessez-moi tout de suite. » Je l'engageai à recevoir après sa confession le Saint Viatique, et il y consentit en disant : « Mon DIEU, je vous aurai reçu trois fois dans le cours de ma maladie ! » Il se confessa aussitôt avec une grande ferveur et une parfaite lucidité d'esprit, demanda pardon de ses impatiences et s'unit avec des élans de cœur aux actes de foi, d'amour et de repentir que je formulais. Je me rendis ensuite à la chapelle pour y chercher le Saint Sacrement et remarquai en rentrant l'empressement avec lequel il se disposait à recevoir son Sauveur.

» Ses yeux s'ouvrirent avec une expression de respect et de tendresse. Il reçut la Sainte-Hostie d'une manière angélique, et ensuite laissa reposer doucement sa tête de côté. Je vins m'agenouiller à son chevet et lui suggérai les actions de grâces usitées, auxquelles il parut parfaitement s'unir.

» Le voyant si calme et si recueilli dans son union avec le Seigneur, je crus pouvoir le laisser seul avec M. de Parcevaux pour me rendre avant la nuit auprès d'un autre blessé. »

M. de Parcevaux était le frère de cet ami très cher qu'Adéo avait vu tomber à Castelfidardo. Il était venu tout récemment aux zouaves pour prendre part à cette campagne et, retenu à l'hôpital par une blessure au pied, sachant que le docteur Vincenti cherchait un infirmier, il s'était offert dès le premier moment pour en tenir lieu. Pendant ces six jours, il ne quitta pas cette chambre. Il était là, vaincu par la fatigue, assis et assoupi au pied du lit, quand, à la nuit tombante, Adéo, seul avec DIEU, trépassa silencieusement, sans agonie, après cette agonie de six jours. C'était le 5 novembre.

Il avait toujours désiré mourir ainsi. Son âme de soldat n'avait jamais rêvé de sort plus enviable que celui de tomber sur le champ de bataille. Plus tard son âme de chrétien avait aspiré au sacrifice pour la cause qu'il avait si ardemment embrassée. Il avait appelé à tant de reprises, comme par son nom, cette balle dont il mourait, qu'on pourrait croire à un pressentiment si ce n'était plutôt une prière exaucée. Cette mort, dont il semblait avoir la passion, était venue le saisir loin de l'entraînement du combat, dans une rue solitaire, dans une surprise. Pendant de longs jours, elle l'avait tenu sur un lit de martyre, immobile, souriant, ne laissant pas échapper une plainte, sa pleine connaissance à peine interrompue par quelques instants de délire pendant lesquels il s'inquiétait seulement de savoir s'il avait fait tout son devoir ; il avait bu lentement ce calice qui fait frémir les plus forts et les plus saints, mais pas un instant sa joie ne s'était démentie. Il pensait à tous, à ceux qu'il allait retrouver, à ceux qu'il laissait ; à ceux-ci, dans la touchante tendresse de son cœur, il demandait pardon de cette joie de mourir. Le désir de se reposer après la lutte ardente de la jeunesse, de voir Dieu qu'il avait en vérité aimé par-dessus tout et qu'il avait toujours craint de perdre, lui qui ne connaissait pas une autre crainte, le rendait plus heureux, en face de cette mort inévitable, qu'il ne l'avait jamais été. L'amour de la mort était vraiment chez lui plus fort que la mort elle-même.

Sa perte fut vivement ressentie par ses compagnons d'armes. Dans une lettre qui n'était pas destinée à être connue des siens, un sergent de son bataillon semble s'être fait l'écho naïf de ce sentiment : « Il n'est plus, ce brave des braves ! Notre pays a perdu le plus brave défenseur du Saint-Père. Jamais il ne sera remplacé au bataillon. Mais enfin Dieu l'a voulu pour lui ; il est le maître, nous n'avons qu'à nous soumettre. Ce pauvre capitaine ! je le pleure encore et cependant il est bien plus heureux que nous. Il doit commander là-haut une légion de martyrs. Prie, mon cher, pour que ton frère aille le rejoindre bientôt. »

Madame Kanzler, qui ne cessait pas d'aller à l'hôpital, écrivait dans le même temps : « Beaucoup sont morts dans ces derniers jours. Il y avait entr'autres un soldat qui avait été blessé avec votre frère. Aux derniers moments de sa vie, il avait le délire et regardait le Ciel en disant toujours : « Oh ! le capitaine ! Je le vois, le capitaine ! » Et il souriait. Je suis restée autant que j'ai pu à son chevet. Je pensais que cela ferait plaisir à vous et à *lui*. Je priais pour ce pauvre garçon qui allait suivre avec bonheur son capitaine. »

Il l'a suivi en effet, et c'est bien en regardant le Ciel comme lui qu'on peut retrouver ceux qui sont entrés par la porte du martyre dans la vraie patrie, « où il n'y aura plus ni mort, ni deuil, ni plainte, ni douleurs. »

Emmanuel avait 27 ans, Adéodat 29 ans.

Leurs corps sont restés à Rome, dans le cimetière de Saint-Laurent hors les Murs. La chapelle où ils reposent est adossée aux parois de rochers qui faisaient partie de la catacombe de Saint-Cyriaque. Cette roche forme le fond même de la chapelle, de sorte qu'immédiatement au-dessus de l'autel se trouvent quatre excavations ou *loculi*, qui ont servi de tombeaux aux chrétiens et peut-être aux martyrs de la foi. On a inséré dans ces excavations des fragments de marbre recueillis dans la même catacombe, et on y a gravé des inscriptions qui mêlent aux souvenirs du passé les touchantes analogies du présent. Deux de ces fragments portent des emblèmes usités dans les sépultures chrétiennes des premiers siècles : le monogramme du CHRIST, la couronne d'olivier, la palme des martyrs. Les autres portent ces deux inscriptions :

IN . HOC . COEMETERIO . CYRIACAE . MULTI .

MARTYRES . CHRISTI . QUIESCUNT .

MARTYRES . CHRISTI . EXCIPITE . ADEODATUM . ET .

EMMANUEL . DUFOURNEL . QUI . IN .

HOC . CUBICULO . DORMIUNT .

La tombe d'Adéodat est à droite de l'autel ; au fond de l'arcade qui l'abrite, une fresque des catacombes fidèlement reproduite représente Lazare sortant du tombeau. A gauche, au-dessus de la tombe d'Emmanuel, la fresque représente les trois jeunes hommes dans la fournaise.

Cette chapelle a été consacrée le 30 mars 1869, la première messe y a été dite le lendemain (1).

Suivant le désir exprimé par Emmanuel, son cœur et celui de son frère ont été rapportés en France et déposés dans le caveau de leur famille.

Au fronton de la chapelle se lit l'inscription :

☧ ADEODATVS . ET . EMMANVEL . DVFOVRNEL ☧

Sur les tombes ont été gravées ces épitaphes :

---

1. Le soubassement de cette chapelle a été transformé en caveau funéraire pour le général Kanzler quand il a rejoint, près de Dieu, les soldats qu'il avait conduits aux bons combats.

Lors de l'achèvement du monument de Pie IX, un des architectes émettait l'opinion (et ce rapprochement a paru bien touchant) que, d'après les dernières découvertes faites au cimetière de Saint-Laurent, la catacombe de Saint-Cyriaque commencerait à la chapelle dont nous venons de parler, pour finir à la crypte de la basilique où ce grand Pape a voulu reposer près de ses défenseurs.

A ☧ Ω

HEIC . QVIESCIT . IN . PACE . CHRISTI

ADEODATVS . DVFOVRNEL

DOMO . GRADICO . AD ARARIM . IN . GALLIA . CELTICA

DVCTOR . VELITVM . IN . EXERCITV . PONTIFICIS . MAXIMI

INGENIO . SCIENTIA . REI . MILITARIS . INTEGRITATE . MORVM

ANIMI . MAGNITVDINE

MILITVM . CHRISTI . EXEMPLAR

MENSE . OCTOBRI . AN . MDCCCLXVII . VRBEM

NOCTES . ATQVE . DIES . AB . ITALIS . PRAEDONIBVS . TVETVR

III. KAL. NOV. IN . BASILICA . VATICANA

REI . DIVINAE . ADSTANS

VITAM . MATRI . DEI . MARIAE . PRO . PETRI . SEDE . DEVOVET

VESPERE . DOMVM . QVO . SE . HOSTES . RECEPERANT

OPPVGNANS . CORRVIT . HVMEROS GLANDE . PLVMBEA . TRAIECTVS

QVO . EX . VVLNERE . DECESSIT . VOTI . COMPOS

NONIS . NOVEMBRIBVS . AN. MDCCCLXVII.

AN. N. XXIX. M. II. D. XIII.

ADEODATVS . PATER

LVCIA . ET . MARIA . SORORES

POSVERVNT

A   ☧   Ω

HEIC . PAVCIS . DIEBVS . ANTE . ADEODATVM . FRATREM

QVOCVM . CONCORDISSIME . VIXIT

CONDITVS . EST

EMMANVEL . DVFOVRNEL

SVBCENTVRIO . VELITVM . IN EXERCITV . PONTIFICIS . MAXIMI

SVB . MOENIBVS . CASTRI . FARNESII . AD . LACVM . VOLSINII

ITALOS . HOSTES . NVMERO . SVPERIORES

IN . FVGAM . AGENS

XV. VVLNERIBVS . CONFOSSVS

DECESSIT . XIII. KAL. NOV. AN. MDCCCLXVII.

A. N. XXVII. M. VII. D. XXVI.

EODEM . DIE . SE . COELESTI . DAPE . REFECERAT

CHRISTI . MILES

DIGNVS . FRATRE . DIGNVS . PATRIA

DIGNVS . CAVSA . QVAM . TVEBATVR

QVOS . AMOR . IVNXIT . TVMVLVS . SOCIAVIT